Geschichten aus Lateinamerika

Deutsche Fassung von
Cuentos de Latinoamérica

Carlos Delgado

Inhaber: Julius Robert Wolff
Hindenburgstraße 17, 31832 Springe
Kontakt: info@schinken-verlag.de

1. Auflage
Copyright © 2023 Carlos Delgado,
aus dem Spanischen übersetzt von Magali Wrana
Alle Rechte vorbehalten.
ISBN: 978-3-96891-076-5

Vorwort der Übersetzerin

Die deutsche Übersetzung eines Buches, das in der breiten und vielfältigen Palette der spanischen Sprache verfasst ist, war eine herausfordernde und zugleich bereichernde Aufgabe. Die hier vorliegende Ausgabe ist eine Reise durch den spanischsprachigen Teil Lateinamerikas, die Ihnen mit liebevoll verfassten Kurzgeschichten die Kulturen und Menschen von Mexiko bis Argentinien und Chile näher bringt.

Das Übersetzen ist oft ein Balanceakt zwischen wörtlicher Übersetzung und literarischer Ästhetik. Während eine direkte Übersetzung vorteilhaft für Spanischlernende sein kann, kann sie die literarische Qualität und die Freude am Lesen beeinträchtigen. Daher habe ich mich dazu entschieden, den Fokus auf die Erhaltung des literarischen Flairs und den Genuss des Lesens zu legen, ohne dabei die Verständlichkeit zu beeinträchtigen. Dadurch kommt es manchmal zu abweichenden Erzählzeiten, Punktation oder etwas anderen Nebensätzen so wie es eher in der deutschen Sprache üblich ist.

Trotzdem habe ich mich bemüht, die landestypischen Ausdrücke und Besonderheiten zu erklären, die das Spanische in jedem Land einzigartig machen und einen integralen Teil der jeweiligen Kultur darstellen. Dies trägt dazu bei, dass Sie als Leser die regionale Vielfalt der spanischsprachigen Welt besser verstehen und schätzen lernen.

Das Originalwerk hat mich aufgrund seiner feinen Erzählungen und eindrucksvollen Porträts verschiedener lateinamerikanischer Kulturen tief beeindruckt. Es war ein Vergnügen, diese Geschichten in die deutsche Sprache zu übertragen, und ich habe mich dabei ein wenig in sie verliebt. Ich hoffe, dass auch Sie als Leserin oder Leser in diese Geschichten eintauchen, die Atmosphäre Lateinamerikas spüren können und sich die kleinen, manchmal versteckten, Lehren aus den Geschichten zu eigen machen.

Ich hoffe, dass mir die Übersetzung gelungen ist, dass der Geist und Charakter der originalen Kurzgeschichten erhalten geblieben ist und dass Sie sowohl die Schönheit Lateinamerikas als auch die vielseitige Kultur, die in diesen Geschichten zum Ausdruck kommen, genießen können.

Auf Ihre Reise durch Lateinamerika, durch die Seiten dieses Buches, wünsche ich Ihnen viel Freude und viele wertvolle Entdeckungen.

Geschichte 1: Die seltsame Nachbarin in Iquique, Chile

Ricardo Marques lebt mit seiner Familie in der lebhaften Stadt Iquique im Norden Chiles. Iquique hat einen bedeutenden Handelshafen, weil es dort eine Freihandelszone gibt. Das heißt, hier zahlen die Menschen keine Mehrwertsteuer, die sonst 19% beträgt. Darum kommen viele Leute aus dem Süden Chiles und den Nachbarländern nach Iquique. Sie wollen hier einkaufen und von den günstigeren Preisen profitieren.

In Iquique ist die Temperatur des Meeres schön warm, so dass man fast das ganze Jahr über schwimmen gehen kann. Die Wellen sind super zum Surfen und deshalb sieht man oft Jungs und Mädchen, in Chile auch *cabros y cabras* genannt, mit ihren Surfbrettern durch die Stadt laufen. Das Wetter in Iquique ist viel angenehmer als die extremen Temperaturen weiter südlich. Im Sommer wird es 25°C warm und im Winter nicht kälter als 13°C.

Viele Menschen in Iquique arbeiten im Bergbau, in der Fischerei oder im Handel. Aber Ricardo Marques hat einen Job in einer Werft, die man *Astilleros* nennt. Er arbeitet als Schreiner für eine Firma namens Marco Chilena. Seine Aufgabe ist es, den dort gebauten Yachten einen luxuriösen Anstrich zu verpassen.

Eines Morgens, als Ricardo aus dem Haus ging, traf er seine neue Nachbarin. Sie war eine ältere, aber kräftige und gesunde Frau. Er wusste, dass eine neue Familie eingezogen war und begrüßte sie freundlich:

„Guten Morgen, schön, Sie kennenzulernen. Ich heiße Ricardo."

„Guten Morgen, junger Mann“, antwortete die Dame. „Mein Name ist Lucía.“

„Wie geht es Ihnen gesundheitlich?“, fragte Ricardo.

„Ganz gut, junger Mann“, sagte Señora Lucía. „Ich habe meine kleinen Wehwehchen, aber ich beschwere mich nicht.“

Dann verabschiedeten sich Ricardo und Señora Lucía voneinander. Er ging zur Arbeit, und sie in die Stadt, um ein bisschen herumzuschlendern.

Am nächsten Tag, als Ricardo von der Arbeit zurückkam, war er in einem Einkaufszentrum der Stadt, in der Mall Zofri (*ZOFRI* steht für *Zona Franca de Iquique*). Dort traf er zufällig seine neue Nachbarin, Lucía. Er grüßte sie freundlich:

„Hallo Señora Lucía, wie geht es Ihnen?“

Aber Lucía beachtete ihn nicht. Ricardo hatte sogar das Gefühl, dass sie ihn ansah, aber so tat, als würde sie ihn nicht bemerken. Sie ignorierte ihn also absichtlich.

Als Ricardo nach Hause kam, erzählte er seiner Frau, was passiert war:

„Paola, gestern habe ich die neue Nachbarin Señora Lucía kennengelernt. Sie war sehr nett, aber heute im Zofri hat sie mich einfach ignoriert.“

„Vielleicht hat sie dich nicht gesehen?“, fragte Paola.

„Sie muss mich gehört haben, als ich sie ansprach", antwortete Ricardo.

„Vielleicht ist sie taub?", fragte Paola.

„Das glaube ich nicht. Gestern konnte sie mich ja auch hören", sagte Ricardo.

„Das ist wirklich seltsam", meinte Paola.

„Ja, das ist es", stimmte Ricardo zu.

Am nächsten Tag traf auch Paola ihre neue Nachbarin, als sie ihre Tochter zur Schule bringen wollte:

„Hallo Nachbarin! Mein Name ist Paola. Schön, Sie kennenzulernen."

„Hallo Paola! Ich heiße Lucía", antwortete die Frau. Sie sah das Mädchen an und sagte: „Ist das Ihre Tochter? Wie süß! Wie heißt du?"

„Patricia", antwortete das Mädchen.

„Patricia! Was für ein schöner Name!", sagte Señora Lucía lächelnd.

„Wie geht es Ihnen heute, Señora Lucía?", fragte Paola.

„Besser denn je! Ich bin schon lange nicht mehr mit Rückenschmerzen aufgewacht. Ich gehe am Strand spazieren, um fit zu bleiben."

Am nächsten Tag trafen sie sich wieder, und Señora Lucía begrüßte Paola und Patricia herzlich. Paola mochte Señora Lucía sehr und fand es seltsam, dass Ricardo dachte, sie würde ihn nicht grüßen wollen.

Ein paar Tage später, an einem schönen Sonntag, flanierte die Familie gemütlich den Paseo Baquedano entlang. Diese Straße ist eine der Touristikattraktionen der Stadt und war früher die Heimat der reichen Leute von Iquique im 19. Jahrhundert. Deshalb stehen dort viele alte Holzhäuser, die über hundert Jahre alt sind. Ricardo, der ja Zimmermann ist, ist ganz begeistert von diesen Häusern. Besonders eines hat es ihm angetan: der Astoreca-Palast, den die Touristen besichtigen dürfen.

Der Astoreca-Palast wurde 1904 für Don Juan Higinio Astoreca, einen der damaligen Millionäre von Iquique, gebaut. Er hat 37 Zimmer, aber die Astoreca-Familie hat dort nie gewohnt. Im selben Jahr zogen sie nämlich nach Valparaíso, einer anderen chilenischen Stadt.

Auf dem Paseo Baquedano schlendern immer viele Leute herum. Familien, verliebte Paare, die *Pololos*, wie die Chilenen sie nennen, und viele Ladenbesitzer sind hier anzutreffen.

Während die Familie spazierte, bemerkte das kleine Mädchen von Ricardo und Paola, dass Señora Lucía auf sie zukam.

„Schaut mal, da kommt Señora Lucía!“, rief das Mädchen ganz aufgeregt. „Darf ich zu ihr gehen und ihr Hallo sagen?“, fragte sie ihre Mutter.

„Klar, geh nur“, antwortete Paola. Das kleine Mädchen lief los, um Señora Lucía zu begrüßen und rief dabei: „Hallo Señora Lucía!“

Doch als das Mädchen näherkam, richtete Señora Lucía ihren Stock auf sie und schaute sie ernst an. Das Mädchen hielt inne und sagte:

„Señora Lucía, ich bin's, Patricia." Aber Señora Lucía beachtete sie nicht und ging einfach weiter.

Traurig kehrte das Mädchen zu ihren Eltern zurück und erzählte ihnen:

„Señora Lucía wollte mich nicht grüßen."

„Wie seltsam!", meinte Ricardo.

Sofort oder wie die Chilenen sagen *al tiro* wurde Paola richtig sauer – das nennen die Chilenen *se puso de maleta.* Sie ärgerte sich über die herablassende Art von Señora Lucía gegenüber ihrer Tochter.

Als die Familie später am Nachmittag nach Hause kam, sahen sie zwei junge Männer, die aus Señora Lucías Haus kamen und etwas besorgt wirkten.

„Guten Tag, Nachbarn", sagte Ricardo.

„Guten Tag", erwiderte einer der Männer. „Schön, Sie kennenzulernen, ich bin Carlos und das ist mein Bruder Manuel. Kennen Sie schon unsere Mutter?"

„Ja", antwortete Ricardo, „wir haben Señora Lucía vor ein paar Tagen das erste Mal getroffen."

„Wir wollten Ihnen Hallo sagen, um Ihnen etwas Wichtiges mitzuteilen", sagte Carlos und machte eine Pause. „Es ist so, unsere Mutter hat Alzheimer. Das bedeutet, dass sie manchmal Leute erkennt und manchmal nicht. Wir müssen nach und nach alle Nachbarn informieren, damit sie Bescheid wissen."

„Ah, verstehe", sagte Paola ein wenig unwohl, weil sie schlecht über Señora Lucía gedacht hatte.

„Sie hat Sohlen mit einer GPS-Funktion in ihren Schuhen, damit wir sie finden können, wenn sie sich verirrt", erklärte Carlos. „Aber heute hat sie ihre Schuhe gewechselt und weder die Sohlen noch ihr Handy mitgenommen. Wir müssen sie suchen, manchmal dauert es Stunden bis wir sie finden."

„Wir haben sie gesehen!", rief Patricia, ohne ihren Eltern die Chance zum Reden zu geben.

„Wo habt ihr sie gesehen?", fragte Manuel.

„Auf dem Paseo Baquedano vor etwa einer halben Stunde", antwortete Ricardo.

„Gott sei Dank!", rief Carlos laut. „Wir werden sie sofort suchen gehen. Schön, Sie kennengelernt zu haben."

„Können wir Ihnen dabei helfen, sie zu suchen?", fragte Paola.

„Ja, natürlich", sagte Carlos, „das wäre eine große Hilfe."

Also machten sie sich alle gemeinsam auf den Weg, um Señora Lucía auf dem Paseo Baquedano zu suchen.

Nach einer Weile kamen sie am Militärmuseum vorbei und die kleine Patricia sagte:

„Da ist sie!"

Als ihre Eltern Señora Lucía sahen, gingen sie ruhig auf sie zu. Ricardo zückte sein Handy und rief Carlos an, um ihm mitzuteilen, dass sie seine Mutter vor dem Museum gefunden hatten.

Das kleine Mädchen und ihre Mutter traten auf Señora Lucía zu und grüßten freundlich: „Guten Tag!“

„Guten Tag“, erwiderte Señora Lucía und lächelte ein wenig.

„Ich heiße Paola und das ist meine Tochter Patricia“, stellte Paola sich und ihre Tochter respektvoll vor.

„Angenehm. Ich bin Lucía“, sagte die ältere Dame.

So lernte die Familie Marques ihre liebe Nachbarin Lucía richtig kennen, die fortan immer sehr herzlich zu ihnen war. Zehn Jahre später verstarb Señora Lucía und die Familie Marques trauerte sehr um sie.

Geschichte 2: Der Geschäftsmann aus Uruguay

Pedro ist Geschäftsmann in Montevideo, der Hauptstadt von Uruguay. Sein Geschäft läuft gut, doch irgendwie fühlt er sich zwar erfolgreich, aber nicht glücklich.

Am Abend kommt er nach Hause und begrüßt seine Frau und seinen fünfjährigen Sohn. Dann sagt seine Frau Laura zu ihm:

„Ich muss dir etwas sagen."

„Ja, was gibt's denn, antwortet Pedro und im gleichen Moment klingelt sein Handy. In vielen Ländern Lateinamerikas wird ein Handy *celular* genannt (anstatt *móvil*). Pedro hat eine Nachricht bekommen, die er liest. Sofort ruft er jemanden an, während er seiner Frau mit der Hand signalisiert, einen Moment zu warten.

„Hallo, wie geht's?", fragt Pedro am Telefon.

„Gut", antwortet eine männliche Stimme. „Ich rufe an, weil ich morgen nicht ins Büro kommen kann, ich muss meinen Sohn zum Arzt bringen."

„José, du weißt doch aber, dass morgen die Ware ankommt."

„Es ist ein Notfall", betont José, „du musst dich um das Geschäft allein kümmern."

„Puh, du bringst mich um", sagt Pedro, was bedeutet, dass José zu viel von ihm verlangt.

„Ich weiß, dass diese Warenlieferung sehr wichtig ist", meint José, „aber ich kann morgen nicht, ich muss den Jungen zum Arzt bringen."

„Ich verstehe dich, aber du musst auch mich verstehen", entgegnet Pedro.

„*Tranqui panqui*", sagt José, was in Uruguay so viel bedeutet wie *Mach dir keine Sorgen.* „Ich habe schon Francisco angerufen und er hat mir versprochen, dass er morgen kommt, um dir zu helfen."

„Du musst mir versprechen", fordert Pedro, „dass wenn du früher fertig bist, du ins Büro gehst."

„Ja, wir schauen dann mal", antwortet José. (Er sagt *Dale, vemos*, was in Uruguay bedeutet, dass er morgen nicht kommen wird, auch wenn er dann Zeit haben würde. So kann er das Gespräch freundlich beenden.)

Pedro legt auf.

„Was ist los?", fragt Laura.

„Nun, José wird morgen nicht im Büro sein", antwortet Pedro. „Was wolltest du mir denn sagen?"

„Ach, es war nichts Wichtiges", erwidert Laura und tut so, als ob es nicht wichtig wäre.

„Wie hat sich der Junge heute benommen?", fragt Pedro.

„Gut, soll ich berichten?", entgegnet seine Frau.

„Erzähl, los!", sagt Pedro.

„Heute hat er angefangen, die Decke vom Tisch zu ziehen", berichtet Laura, „als ich das gesehen habe…"

In diesem Moment klingelt Pedros Handy erneut. Er schaut auf das Display, signalisiert seiner Frau noch einmal, einen Moment zu warten und nimmt den Anruf entgegen.

„Hallo Luis, was gibt's?", sagt Pedro, während er den Anruf annimmt.

„Hallo Pedro, ich rufe an, weil der Lieferant aus Brasilien will, dass wir ihm noch einmal alle Papiere schicken."

„Schon wieder?", fragt Pedro. „Was ist denn passiert, hat er sie verlegt?"

„Ich denke", sagt Luis (Er sagt: *Yo para mí,...* Diese redundante Redewendung benutzt man in Uruguay, um zu sagen, dass es sich um eine persönliche Meinung handelt), „dass der Brasilianer das Geschäft hinauszögert, weil er die Ware noch nicht hat."

„Also gut, wir haben keine andere Wahl. Schick ihm noch einmal alle Papiere. Dann werden wir sehen, welche Ausrede dem Brasilianer als Nächstes einfällt. Wenn du noch etwas erfährst, sag mir Bescheid."

„Okay, bis später", erwidert Luis und Pedro legt auf.

Pedro sieht, dass Laura auf ihr eigenes Handy schaut und fragt sie:

„Also, was hat der Junge angestellt?"

„Erzähle ich dir gleich", antwortet Laura, ohne hochzuschauen.

Dann kommt seine Frau näher, um ihm etwas zu sagen, aber in diesem Moment bekommt Pedro wieder eine Benachrichtigung auf seinem Handy.

Als er das sieht, sagt er zu Laura:

„Antonio hat uns heute Abend zu sich eingeladen, möchtest du hingehen?"

„Ja, klar", antwortet Laura.

„Wolltest du mir nicht etwas sagen?", fragt Pedro.

„Nein, es war nichts Wichtiges", entgegnet Laura.

Als sie bei ihrem Freund ankommen, setzt sich Pedro ins Wohnzimmer, wo sich seine Freunde unterhalten. Aber er holt sofort sein Handy raus, um nach ungelesenen Nachrichten zu schauen. Obwohl Pedro bei seinen Freunden ist, ist er in Wirklichkeit abwesend und verbringt den größten Teil des Abends damit, sein Handy zu checken, um Nachrichten und Benachrichtigungen in seinen sozialen Netzwerken zu lesen oder *dringende* Anrufe zu tätigen.

„Dein Geschäft läuft gut, oder?", sagt einer seiner Freunde zu Pedro in einem Moment, in dem er mal nicht auf sein Handy schaut (diese Äußerung hat in Uruguay eine gewisse Ironie).

„Na ja, ich gebe mein Bestes, um nicht nachzulassen", antwortet Pedro (eine Antwort, die andeutet, dass es ihm nicht wirklich gut geht. In Uruguay ist es nicht üblich, zu sagen, dass es einem sehr gut geht).

„Und bei dir, wie läuft's so?", fragt Pedro.

„Naja, was soll ich sagen?" (Er sagt: *Bien, ¿o querés que te cuente?* Das ist ein Ausdruck, der genutzt wird, um zu sagen, dass es bei ihm sehr schlecht läuft, aber er nicht weiter ins Detail geht, es sei denn Pedro zeigt echtes Interesse.)

Pedro antwortet jedoch nicht und holt stattdessen wieder sein Handy heraus.

Am nächsten Tag auf dem Weg zur Arbeit trifft Pedro zufällig einen alten Fußballkumpel, den er seit vielen Jahren nicht mehr gesehen hat. Es kommt zu einer langen, typisch uruguayischen Begrüßung:

„Hallo Ernesto!"

„Hallo Pedro! Lange nicht gesehen", antwortet Ernesto lächelnd.

„Alles in Ordnung?", fragt Pedro.

„Ja, und bei dir?", erwidert der alte Mannschaftskamerad.

„Mir geht's gut, was treibst du so?", fragt Pedro.

„Ich bin mal hier und da, und du?", fragt Ernesto.

„Naja, das Übliche", antwortet Pedro, ohne ins Detail zu gehen.

„Na dann, vielleicht treffen wir uns ja mal wieder", sagt sein alter Freund.

„Ja, schauen wir mal“, antwortet Pedro, obwohl er weiß, dass sie sich wahrscheinlich nicht wiedersehen werden, es sei denn, es geschieht zufällig wie in diesem Moment.

Als Pedro nach Hause kommt, begrüßt er Laura wie immer und fragt:

„Wolltest du mir nicht etwas sagen?“

Sie sieht ihn an, lächelt und sagt:

„Warte, einen Moment.“

Dann nimmt sie ihr Handy und wählt eine Nummer. In diesem Moment klingelt Pedros Handy und als er auf das Display schaut, sieht er, wer anruft: Es ist Laura, die direkt vor ihm steht.

„Ich bin ganz Ohr“, sagt Pedro zu Laura, bevor er den Anruf annimmt.

Sie zieht die Augenbrauen hoch und sagt: „Ich rufe dich gerade an!“

Pedro nimmt den Anruf entgegen und Laura, die ihm direkt in die Augen schaut, sagt:

„Der Arzt hat gesagt, dass ich schon seit drei Monaten ein Baby in meinem Bauch habe. Ich habe es vor anderthalb Monaten erfahren, aber ich habe nicht geschafft, es dir zu erzählen, bis mir die Lösung gekommen ist, dich anzurufen. Wie dumm von mir! Ich hätte es dir schon vor einem Monat sagen können. Ich möchte, dass du jeden Nachmittag mit mir an der Rambla spazieren gehst, aber ohne Handys.“

Pedro umarmte sie voller Freude und küsste ihren Bauch. Von diesem Tag an geht die Familie jeden Nachmittag an der Rambla entlang, der wunderschönen und langen Uferpromenade des Río de la Plata in Montevideo, aber ohne ihre Handys. Seitdem sie das tun, sind Pedro und seine Frau viel glücklicher.

Geschichte 3: Können Sie meine waschmaschine reparieren? Dominikanische Republik

Ricardo ist ein Mann, der sehr geschickt mit seinen Händen ist. Schon als Kind konnte er Dinge besonders gut reparieren. Als Erwachsener hat er gelernt, Waschmaschinen zu reparieren und hat eine kleine Werkstatt in der Garage seines Hauses in einem Viertel von Santo Domingo namens Gualey, in der Straße 27.

Ricardo sagt immer, dass seine Aufgabe darin besteht, die Probleme der Hausfrauen zu lösen und den Frieden im Haus wiederherzustellen. Wenn Waschmaschinen kaputt gehen, neigen Hausfrauen dazu, zu verzweifeln und ihre Ehemänner unter Druck zu setzen, die Waschmaschine schnell zu reparieren. Das führt oft zu heftigen Familienstreitigkeiten.

Eines Morgens kam ein junges Paar mit ihrer Waschmaschine in Ricardos Werkstatt.

„Guten Morgen“, grüßte das Paar Ricardo, als sie die Garage betraten und der Ehemann die kleine Waschmaschine mühsam abstellte.

„Guten Morgen“, antwortete Ricardo und legte seine Arbeit beiseite, „Wie kann ich behilflich sein?“

„Wir haben Probleme mit unserer Waschmaschine“, sagte die Frau, „sie läuft schon seit drei Tagen nicht mehr.“

„Verstehe“, sagte Ricardo nachdenklich und fragte dann: „Wissen Sie, ob die Waschmaschine noch schleudert?“

„Ja“, sagte die Frau, „aber sie wäscht nicht.“

Ricardo nahm die Waschmaschine und schloss sie an die Steckdose an. Dann schaltete er sie ein und wählte das entsprechende Programm, um die Wäsche zu schleudern.

„Erinnern Sie sich noch daran, was für Wäsche Sie zuletzt gewaschen haben?", fragte Ricardo, während er die Waschmaschine beobachtete.

„Ja, es war die Arbeitskleidung meines Mannes", sagte die Frau, „aber dann wollte ich meine Wäsche waschen und die Waschmaschine funktionierte nicht."

„Und sie hat mir die Schuld dafür gegeben", sagte der Ehemann, „als ob ich die Wäsche gewaschen hätte. Was kann ich denn dafür, wenn die Waschmaschine nicht mehr läuft? Oder Señor Ricardo?"

Ricardo sagte kein Wort, zog den Stecker der Waschmaschine aus der Steckdose und nahm seinen Werkzeugkasten, um sie auseinanderzunehmen.

„An diesem Tag war ich richtig genervt (*con truño*)", sagte die Frau, „weil... es ist einfach so ärgerlich! (*¡Qué quille!)* Manchmal wäscht sie und manchmal einfach nicht."

„Ah", meint Ricardo und schaut auf die Waschmaschine, die er gerade auseinandernimmt, „das heißt, sie hat ein paar Tage gewaschen, dann war sie kaputt, und dann hat sie sich scheinbar selbst geflickt."

„Ecole cuá", antwortet die Frau (das heißt in der Karibik so viel wie *ganz genau*), „aber jetzt geht sie wirklich gar nicht mehr, ich habe drei Tage gewartet und sie funktioniert immer noch nicht."

„Ich habe einen Freund geholt, der nur ein bisschen Ahnung hat (*medio sabe algo*)", sagt der Ehemann, „aber er konnte sie auch nicht reparieren."

„Der hat doch keine Ahnung!“, sagt die Ehefrau. „Mein Mann hat einen Herrn geholt, der nur das hintere Teil abgemacht hat, reingeschaut hat und dafür von uns Geld verlangen wollte, obwohl er nichts getan hat. Schauen Sie, Señor Ricardo", fährt die Frau fort, „als ich ihn gefragt habe, was mit der Waschmaschine nicht stimmt, hat er mir eine Geschichte aufgetischt (*me vino con una muela*) und gesagt, dass er das kaputte Ersatzteil nicht da hat. Ich glaube, er hat einfach Angst bekommen (*se engrifó*), weil er keine Ahnung hatte und ist dann abgehauen (*abrió gas*)."

„Aber immerhin, wir haben ihm nichts gezahlt", verteidigt sich der Ehemann.

„Aber hören Sie mal, Señor Ricardo", sagt die Frau, „später hat mein Mann erzählt, dass er noch einen anderen Freund hat, der sich mit Waschmaschinen auskennt. Aber ich habe ihm gesagt: ‚Das glaubst du ja wohl selbst nicht‘ (*Tumba eso*), morgen bringen wir die Waschmaschine zu Señor Ricardo, der hat die Waschmaschine meiner *Comadre* repariert und sie läuft jetzt super."

(*Comadre* und Co*mpadre* sind Bezeichnungen für nahe Verwandte, die bei der Taufe eines Kindes als Zeuge dabei waren. In manchen Ländern sind das fast richtige Familienangehörige.)

„Nun”, meint Ricardo und schaut auf die auseinandergenommene Waschmaschine, „ich hoffe, ich kann sie reparieren, mal schauen, was sie hat.”

„Ich weiß, dass Sie das können, denn Sie haben die Waschmaschine meiner Freundin repariert”, sagt die Frau. „Aber mein Mann wollte erst nicht, weil er geizig ist. Dabei hatte ich ihm schon gesagt, dass er die Waschmaschine zu Ihnen bringen soll.”

Während Ricardo die Waschmaschine unter die Lupe nimmt, beobachtet das Ehepaar alles ganz genau aus sicherer Entfernung. Nach einer Weile fragt die Frau: „Glauben Sie, dass Sie sie heute noch repariert kriegen? Es ist nur so, dass ich einen Berg von Wäsche zu Hause habe.”

„Ich glaube, da liegt das Problem“, meint Ricardo und zeigt auf einen dünnen, durchsichtigen Plastikschlauch. „Der Schlauch ist verstopft. Lasst uns ihn mal durchspülen und schauen, ob‘s dann klappt.“

Das Paar kommt ein bisschen näher, um zuzusehen, wie Ricardo den Schlauch abnimmt, mit Wasser durchspült und wieder zusammenbaut.

„Denken Sie das war es?“, fragt der Ehemann.

„Lasst es uns testen“, antwortet Ricardo und baut die Waschmaschine wieder zusammen, so dass sie sich mit Wasser füllt.

„Wie kommt's, dass dieser Teil verstopft ist?", will der Ehemann wissen.

„Weil zu viel Waschmittel benutzt wurde", erklärt Ricardo und muss grinsen, weil er ahnt, was als Nächstes kommt.

„Ich hab's dir doch gesagt!", ruft der Ehemann zu seiner Frau. „Nicht so viel Waschmittel nehmen! Sehen Sie, Señor Ricardo, ich hab's ihr schon so oft gesagt, aber sie hört einfach nicht auf mich."

Die Frau verteidigt sich: „Aber die Klamotten meines Mannes sind immer so dreckig! Ich muss sie sauber kriegen. Und außerdem", fügt sie hinzu und blickt ihren Mann an, „was stört dich daran?"

„Señor Ricardo, ich kaufe ihr eine Packung Waschmittel und nach einer Woche ist sie leer", beschwert sich der Ehemann. „Sie schüttet es direkt aus der Packung hinein, als ob's nichts kosten würde."

„Das ist nicht wahr!", entgegnet die Frau. „Glauben Sie ihm nicht, Señor Ricardo. Ich habe einen kleinen Becher fürs Waschmittel und nehme nur so viel, wie nötig ist, um die Wäsche sauber zu kriegen."

In diesem Moment beginnt die Waschmaschine zu laufen und das Streitgespräch verstummt. Die Frau lächelt zufrieden, als sie ihre Waschmaschine anschaut.

„Sie sind einfach spitze", sagt sie zu Ricardo. „Ich wusste, dass Sie meine Waschmaschine reparieren können."

„Wir hatten Glück, dass es nur der Schlauch war“, meint Ricardo. „Ersatzteile kosten heutzutage ein Vermögen an Pesos (Währung in der Dominikanischen Republik).“

„Señor Ricardo, nun sagen Sie schon“, sagt die Frau. „wie viel kostet mich Ihre Mühe? Sie müssen wissen, ich bin nicht gerade reich *(yo no tengo todo el dinero más que veinte pesos)*.

Ricardo nannte der Frau den Preis für die Reparatur, woraufhin sie zustimmend meinte:

„Na gut (*Ta to*), ich brauche meine Waschmaschine. Und Sie haben sie echt schnell für mich repariert.“

Der Ehemann zog das Geld aus der Tasche, bezahlte Ricardo und sie verließen die Werkstatt mit der reparierten Waschmaschine. Während sie gingen, diskutierten sie weiter über die richtige Menge an Waschmittel für die Wäsche.

Ricardo schaute dem Paar lächelnd hinterher und dachte: ‚Wieder ein Problem gelöst, wieder eine glückliche Familie.‘

Geschichte 4: Die Schreinerei in Lima, Peru

In der Nähe der Allee Ricardo Palma, mitten im Stadtteil Miraflores, liegt die Schreinerei, die schon seit drei Generationen der Familie von Francisco gehört.

Schon als kleiner Junge hat Francisco hart gearbeitet, um schöne und hochwertige Möbel herzustellen. In Lima ist er bekannt dafür, dass seine Möbel ewig halten. Aber mittlerweile ist Francisco 60 Jahre alt und merkt, dass sich die Dinge ändern.

Es gibt neue Materialien, die leichter und billiger, aber nicht so gut sind. Diese Materialien sehen aus wie Holz, sind aber eigentlich aus gepressten Holzresten gemacht. Francisco hat vor allem etwas gegen ein Material, das in Peru *Melamin* genannt wird.

Der alte Schreiner mag das Material Melamin nicht, weil es zwar aussieht wie Holz, nur halb so schwer ist und viel weniger kostet, aber Melamin darf nicht nass werden, denn sonst quillt es auf, und das Möbelstück geht kaputt.

Das Problem ist, dass Leute den Unterschied zwischen echtem Holz und billigen Materialien, die wie Holz aussehen, nicht kennen. Deshalb werfen sie Francisco manchmal vor, er würde zu viel Geld für seine Möbel verlangen, die sie woanders günstiger bekommen können.

Francisco will dem echten Holz treu bleiben und keine minderwertigen Möbel bauen, aber die Wahrheit ist, dass er immer weniger verkauft. Was soll er also tun?

Franciscos zwei älteste Söhne arbeiten bei ihm im Geschäft. Juan ist 35 Jahre alt und Rogelio ist 27. In ihrer Mittagspause gehen sie in eine *Picantería*, ein kleines Lokal, wo sie *Chifa* (chinesische Gerichte, die an den peruanischen Geschmack angepasst sind) und andere Speisen servieren. Während die beiden Brüder essen, unterhalten sie sich:

„Haben wir heute schon was verkauft?“, fragt Juan.

„Nicht die Bohne (*Ni michi*)“, antwortet Rogelio.

„Diesen Monat lief's echt schlecht“, meint Juan.

„Wenn es so weitergeht, haben wir bald keine Arbeit (*chamba*) mehr“, sagt Rogelio.

„Ich schätze (*Me tinca que*), wenn wir nicht bald was tun, wird das Geschäft dieses Jahr den Bach runtergehen.“

Kurz darauf kehren Juan und Rogelio zur Arbeit zurück. In diesem Moment bekommt ihr Vater Francisco einen Bericht über die Verkaufszahlen des letzten Monats.

„*Asu mare (Heiliger Strohsack!)*“, ruft Francisco. „Diesen Monat haben wir gerade so überstanden (*pasamos piola*).“

„Papa, wir müssen wirklich was tun“, sagt Juan. „Stück für Stück verlieren wir alles.“

„Stimmt, Papa“, pflichtet Rogelio bei. „Unsere Möbel werden nur noch von *Piticos (reichen Schnöseln)* gekauft.“

„Papa, wir müssen günstigere Möbel herstellen“, sagt Juan.

„Ich hab‘s euch doch schon gesagt“, entgegnet Francisco. „Ich werde nicht mit diesem zusammengepressten Holzschrott arbeiten.“

„Papa, die Welt ändert sich“, sagt Rogelio. „Alles wird moderner. Wenn du dich nicht anpasst, hast du schon verloren (*ya fuiste*).“

„Ich hab's euch schon gesagt“, wiederholt Francisco, „ich werde nicht mit diesem Zeug arbeiten.“

„Du bist wirklich stur, echt jetzt (*a la firme*)!”, sagt Juan (in Peru verwendet man diesen Ausdruck, um einer Aussage mehr Gewicht zu verleihen). „Die, die mit Melamin arbeiten, verdienen eine Menge Kohle (*Lucas*), und wir gehen pleite“, sagt Juan. (*Lucas* wird in dieser Region Lateinamerikas verwendet, um eine bestimmte Geldsumme zu bezeichnen. In Peru bezieht es sich auf den Nuevo Sol, die Landeswährung).

„Wie wär‘s, wenn wir es an einem anderen Ort versuchen?“, schlägt Rogelio vor. „Ein Ort, der nichts mit unserer Schreinerei zu tun hat, nur um zu sehen, wie es läuft.“

Alle sind kurz still und der Vater sagt:

„Lasst mich drüber nachdenken, morgen sag ich euch, was wir machen werden.“

Francisco, der alte und erfahrene Schreiner, wusste, dass er günstigere Möbel bauen muss, aber er wollte den Ruf seiner Schreinerei nicht riskieren. Deshalb fand er die Idee, sie in einem anderen Laden zu verkaufen, interessant genug, um drüber nachzudenken.

Am nächsten Tag erzählte Francisco seinen Söhnen, dass er beschlossen hat, ihnen zu erlauben, in einem anderen Laden billigere Möbel herzustellen. Also machten sich die beiden jungen Schreiner an die Arbeit: Sie mieteten ein Lokal, das weder zu weit noch zu nah an der Schreinerei ihres Vaters war, nahmen ein paar Maschinen und ein paar Arbeiter aus der Schreinerei ihres Vaters mit.

Als sie fast fertig eingerichtet waren, sagte Juan zu Rogelio:

„Tu mir einen Gefallen (*Hazme el gancho*), ruf Claudio, den Melaminverkäufer, an und überrede ihn, morgen vorbeizukommen."

„Mache ich sofort (*Al toque no más*)!"

Rogelio nimmt den Hörer und ruft dort an:

„Guten Tag", antwortet eine männliche Stimme, „wie können wir Ihnen helfen?"

„Hallo Claudio, hier ist Rogelio Henríquez von der Schreinerei in Miraflores."

„Hallo Rogelio!", sagt Claudio. „Wie geht's, mein Freund? (*Habla, pe, causa*)" (Im peruanischen Spanisch bedeutet das: *Sag, wie läuft's?* Es ist wie eine Frage nach dem Befinden.)

„Alles gut, mein Vater hat beschlossen, noch eine Schreinerei aufzumachen, in der wir Möbel aus Melamin bauen und wir möchten, dass du morgen kommst, um von dir das Material zu kaufen."

„Pucha!“, sagt Claudio (Ein weiterer peruanischer Ausdruck, um Überraschung auszudrücken).

„Wie habt ihr den alten Francisco denn überzeugt bekommen? Letztes Mal hat er mich fast aus seinem Büro geworfen und mir gesagt, das Material sei zusammengepresster Holzabfall mit Leim.“

„Ach, vergiss das einfach (*Échale tierrita a eso* - Ausdruck in der Region)“, sagt Rogelio. „Wir brauchen das Material, wir wollen mit dem Melamin etwas Tolles machen (*hacer linda* - ein Ausdruck, der auf Peruanisch *etwas Gutes machen* bedeutet). „Kannst du also morgen vorbeikommen?“

„Natürlich kann ich das!“, sagte Claudio, „Ich bin gleich morgen früh da.“

„Bacán!“ (was *ausgezeichnet* bedeutet), sagte Rogelio, „Wir sehen uns morgen.“

Als alles bereit und das Material schon in der Werkstatt war, versammelten Juan und Rogelio die Arbeiter und sagten ihnen:

„Das Wichtigste ist (*La nota es* - ein Ausdruck in Peru), dass wir die besten Möbel herstellen, die wir mit Melamin machen können. Wir müssen uns einen guten Ruf erarbeiten. Ihr seid gute Arbeiter und kennt eure Arbeit gut, es stimmt, dass dieses Material nicht wie Holz ist, aber es ist die Zukunft. Lasst uns also das Beste aus dem machen, was wir haben.“

Mit der Zeit lernte die Familie Henríquez einige Dinge:

Erstens, dass man sich an Marktveränderungen anpassen muss, denn das neue Geschäft mit günstigen Möbeln florierte; und zweitens, dass manche Dinge nie aufhören werden zu existieren, denn für fast alles gibt es einen Markt. So begann die alte Schreinerei wieder aufzuleben, als Francisco erkannte, dass sein Markt die Millionäre (*los pitucos*) waren, und er begann, Luxusmöbel herzustellen.

Geschichte 5: Ein Mädchen, das nicht so ist, als käme es aus Panama

Ramón und seine Freundin Patricia kommen in seiner Wohnung an. Im Auto (*carro*) war Ramón ziemlich ruhig und Patricia spürt, dass etwas nicht stimmt:

„Willst du mir erzählen, was los ist?“, fragt Patricia.

„Ja, die Wahrheit ist...“, antwortet Ramón ein bisschen traurig, „ich habe eine sehr schlechte Nachricht für dich.“

Besorgt schaut Patricia Ramón in die Augen und denkt: ‚Will er sich etwa von mir trennen? Oh nein! Wer wird dann mein Studium bezahlen?‘

Ängstlich fragt sie:

„Sag mir... was ist passiert (*Qué xopá* bedeutet *was ist los* in Panama)?“

„Mein Chef hat alle aus der Abteilung, die für neue Projekte zuständig ist, zusammengetrommelt“, erzählt Ramón, „und uns über die aktuelle Lage der Firma informiert. Es stimmt schon, dass nicht alles gut gelaufen ist, aber er hat uns echt mit der Neuigkeit geschockt, dass der Vorstand beschlossen hat, uns alle zu entlassen, um Geld zu sparen.“

„Oh!“, sagt Patricia überrascht und ist sprachlos.

„Ja“, sagt Ramón traurig, „wir sind jetzt alle arbeitslos. Das ist so ungerecht, wir haben uns wirklich angestrengt, gute Arbeit zu leisten.“

„Du wurdest gefeuert!“, ruft Patricia sehr aufgebracht.

„Stimmt“, sagt Ramón.

„Das ist deine Schuld, ich hab es dir ja gesagt!“, schimpft Patricia laut.

„Was? Das hast du mir gesagt?“, fragt Ramón verwundert, weil er sich nicht erinnern kann, dass Patricia ihm das gesagt hat.

„Klar! Ich habe dir gesagt, dass du auf deinen Job achten musst“, meint Patricia, „alle Firmen bauen Stellen ab.“

„Ach wirklich?“, fragt Ramón, da er noch nichts vom Stellenabbau in anderen Firmen in Panama gehört hat.

„Natürlich ist das so!“, versichert Patricia. „Es ist deine Schuld!“

„Wie kannst du das nur sagen? Es ist doch nicht meine Schuld“, entgegnet Ramón, „Rogelio hat uns gesagt, dass wir gute Arbeit geleistet haben und gute Empfehlungen bekommen würden. Aber der Vorstand will Geld sparen.“

„Ja, klar! Du bist ja nie schuld“, sagt Patricia, „die Welt um dich herum geht unter, aber ich bin sicher, es ist meine Schuld.“

„Patricia, niemand sagt, dass es deine Schuld ist“, sagt Ramón, überrascht von Patricias heftiger Reaktion.

„Ich gehe jetzt!“, sagt Patricia. „Ich will nichts mit Versagern zu tun haben. Ich brauche einen Freund, der einen guten Job hat, nicht so einen Loser wie dich.“

„Aber Patricia“, sagt Ramón erstaunt, „willst du jetzt echt gehen?“

„Klar gehe ich! Ich suche mir einen Freund, der arbeitet.“

Ramón ist so überrascht, dass er nur noch sagen kann:

„Aber Patricia... mein Schätzchen (*mi chichi linda* - liebevoller Ausdruck in Panama).“

„Nenn mich nicht mehr Schätzchen, du Loser.“

Patricia nimmt ihre Handtasche vom Sofa und knallt die Tür beim Rausgehen laut zu.

Ramón steht unter Schock. Er hätte nie gedacht, dass ihm so etwas passieren könnte. Job und Freundin an einem Tag verloren – das ist ein harter Schlag. Patricias harte Worte überzeugten ihn, dass er wirklich ein Versager ist.

Nachdenklich schlendert Patricia durch die Gegend. Sie sorgt sich sehr und spricht leise zu sich selbst, während sie geht:

‚Was für ein Schlamassel (*Qué ponchera*)!‘ (Panamaischer Ausdruck für ein unerwartetes Problem) ‚Was wirst du jetzt tun, Patricia? Ramón kann das Studium nicht mehr bezahlen und du kannst das mit deinem Job auch nicht.‘

‚Ganz ruhig (*Chilin,* eine Floskel aus Panama, die ihren Ursprung im Englischen hat), Patricia, du musst dir was einfallen lassen‘, sagt sie zu sich selber, ‚ich muss einen Weg finden, meine Uni zu bezahlen, ich brauche das Geld (*chen chen* – in Panama umgangssprachlicher Ausdruck für *Geld*).‘

‚Was ist mit der Kreditkartenabrechnung?‘

‚Oh nein, stimmt ja‘, sagt Patricia zu sich selbst. ‚Ich bin so dumm! Ich hätte die Sachen mit Ramóns Karte kaufen sollen. Warum habe ich nicht daran gedacht? Jetzt habe ich auch noch Schulden. Ich brauche einen Nebenjob (*camarón* – in Panama *Job*), während ich mir einen neuen Freund suche.‘

Während Patricia spaziert und über ihre Lage nachdenkt, klingelt ihr Handy. Sie sieht, dass Ramón anruft und entscheidet, nicht ranzugehen.

‚Wie könnte ich wieder mit ihm zusammen sein?‘, sagt sie wieder zu sich. ‚Er ist ein netter Mensch, aber das reicht nicht, um die Kreditkartenabrechnungen und mein Studium zu bezahlen.‘

Patricia schreibt Ramón eine Nachricht: „Ruf mich nicht mehr an, wir sind durch. Ich will nichts mehr von dir hören. Du bist ein Verlierer.“

Danach geht Patricia in die Soho Mall, ein luxuriöses Einkaufszentrum in Panama, und trifft dort zwei ihrer Freundinnen: Ana und Rosa.

„Hallo Mädels!“, grüßt Patricia. „Wohin geht ihr?“

„Wir gehen einen Kaffee trinken“, sagt Rosa, „Willst du mitkommen?“

Und dann setzen sich die drei Mädchen an einen kleinen Tisch in einem Café im Einkaufszentrum.

„Wie geht‘s Ramón?“, fragt Ana.

„Ich weiß es nicht und will es auch nicht wissen", antwortet Patricia, „Ich habe gerade mit ihm Schluss gemacht."

„Was ist passiert (*Qué xopá*)? Was hat dich so weit gebracht?", fragt Rosa erstaunt.

„Nichts, er hat nur seinen Job verloren", antwortet Patricia.

„Sag uns die Wahrheit, meine Freundin", sagt Ana, „Hat er etwa eine andere?"

„Nein, es ist nur so, dass Ramón mir nichts mehr nützt", sagt Patricia, „er hat seinen Job verloren und ich brauche einen Freund, der mir hilft und keine Last ist. Ohne Job hilft er mir gar nicht."

Ihre beiden Freundinnen schauen sich gegenseitig an und können kaum glauben, was sie da hören.

„Hast du Ramón wirklich verlassen, nur weil er arbeitslos ist? Bist du sicher, dass er dir nichts angetan hat?", fragt Rosa., um herauszufinden, ob es wirklich nur das ist.

„Ja, ich habe Schluss gemacht, weil er mir nichts mehr nützt", sagt Patricia ohne Rücksicht auf das, was ihre Freundinnen denken könnten, ich werde meine Zeit nicht mit ihm verschwenden (*hueviar -Zeit verschwenden* in Panama), und ihr solltet lernen, dass, wenn ihr einen Mann an eurer Seite haben wollt, er einen Nutzen für euch haben sollte. Wenn er das nicht hat, weg mit ihm! Spielt nicht die Dummen und seid mit einem Mann zusammen, der pleite (*en tuco*) ist, geschweige denn, ihr ihn auch noch unterstützen müsst.

Am Abend geht Ramón in die Bar, in die er immer mit Patricia ging, in der Straße Vía Argentina. Die Bar ist gemütlich, an diesem Tag sind nicht viele Leute da, und ein einsamer Musiker spielt Saxophon für ein schönes Ambiente. In der Bar sieht Ramón einen Freund und geht zu ihm, um ihn zu begrüßen:

„Hallo Claudio“, sagt Ramón traurig.

„Hallo Ramón“, antwortet Claudio, „du wirkst traurig, ist alles in Ordnung?“

„Nein“, sagt Ramón, „ich habe meinen Job verloren und Patricia hat mit mir Schluss gemacht.“

„Oh je!“ (*Ayala vida*), sagt Claudio überrascht. „Wie schade!“, sagt Claudio. „Was ist passiert, Kumpel? (*Qué xopá fren?*) Hattest du einen One-Night-Stand (*grubeo*)?“

„Nein, ich könnte Patricia nie betrügen“, sagt Ramón, „aber sie hat recht, ich bin ein Versager.“

„Ach, was!“, sagt Claudio. „Warte mal kurz.“

Claudio hält kurz inne und bestellt dann zwei Getränke an der Bar. Er redet weiter mit Ramón. „Pass auf, Ramón“, sagt Claudio, „wenn du wirklich ein Verlierer bist, kannst du das ändern. Du entscheidest, ob du ein Gewinner sein willst. Stell dich ab heute den Herausforderungen (*ir al choque*).“

„Ja, du hast recht“, sagt Ramón, „ich kann mein Leben ändern und ein Gewinner sein. Und wenn ich erfolgreich bin, kriege ich Patricia zurück.“

Claudio muss grinsen, er kennt Patricia seit vielen Jahren. Er weiß, dass sie Männer ausnutzt, um weiterhin ihr Schicki-Micki-Leben führen zu können. Aber er weiß auch, dass manche Männer solche Frauen mögen.

Geschichte 6: Der mexikanische Hacker

Auf den ersten Blick wirkt Enrique wie ein normaler 20-Jähriger, der an der Uni lernt und total auf Computer abfährt. Doch in Wirklichkeit (*neta – in Wahrheit* in Mexiko) ist Enrique ein richtig krasser Hacker. In dieser Szene kennt man ihn unter seinem coolen Nicknamen: Mex77.

Sobald Enrique zuhause ankommt, macht er als Erstes seinen Computer an und betritt einen Chatraum, den Hacker nutzen, um heimlich miteinander zu chatten. Nach ein bisschen Geplauder bekommt er eine Nachricht von einem unbekannten Hacker, der sich als Carol-19 vorstellt.

„Willst du 2.000 Dollar verdienen?“, schreibt Carol-19.

„Wen muss ich dafür umlegen?“, fragt Enrique.

„Den Butler einer Villa“, antwortet Carol-19.

Enrique begreift sofort, dass mit *dem Butler* ein Computerserver gemeint ist und *eine Villa* bedeutet, dass er das Computernetzwerk einer riesigen Firma lahmlegen soll. Aber Enrique hat keinen Bock auf illegales Hacken oder Leuten zu schaden, er hackt nur zum Spaß. Und wer weiß, vielleicht ist das ja eine Falle?

„Solche Jobs sind nicht mein Ding“, schreibt Enrique. „Ich bin kein Pirat.“

„Es geht nicht darum, Schaden anzurichten“, schreibt der seltsame Hacker. „Es geht um was Gutes. Aber ich melde mich morgen wieder, wenn es sicherer ist. *Ahí nos vidrios.*“ (Mexikanischer Ausdruck für *bis dann*). Dann beendet Carol-19 die Verbindung.

Enrique ist neugierig, will aber erst morgen weiter darüber nachdenken.

Jetzt versucht Enrique, den Computer von einem Mädchen namens Lorena zu hacken. Sie gehört auch zur Hacker-Szene und hat deshalb viele Sicherheitssysteme auf ihrem Computer, um nicht gehackt zu werden. Aber genau das ist der Grund, warum Enrique sie hacken will, und außerdem findet er sie echt cool.

Seit Tagen versucht Enrique, in Lorenas Computer einzudringen, und wie alle Hacker gibt er nicht so schnell auf.

Heute hat er Glück, denn Lorena ist gerade in sozialen Netzwerken unterwegs, und es sieht so aus, als würde er endlich Erfolg haben. Ganz flink knackt er die ersten Sicherheitscodes, dringt dann in das lokale Netzwerk ein und schließlich in Lorenas Computer. Enrique springt von seinem Stuhl und macht ein paar Siegesgesten, als er es schafft, Lorenas Chat-Unterhaltung mit ihrer Freundin Carla auf seinem Bildschirm zu sehen.

„Was hast du am Wochenende vor?“, fragt Carla.

„Nichts, absolut gar nichts“, schreibt Lorena. „Meine Schwester will, dass ich am Samstagmorgen mit ihr ein Kleid kaufen gehe, aber das war‘s dann auch schon.“

„Und was ist mit Mauricio?“, fragt Carla.

„Nee, mit Mauricio ist Schluss", schreibt Lorena. „Ich habe Nachrichten gefunden, in denen steht, dass er sich in ein anderes Mädchen verknallt hat."

„Auf seinem Handy?", fragt Carla.

„Nein, in einem Profil, das er unter einem anderen Namen in einem sozialen Netzwerk angelegt hat. Er dachte, ich würde es nicht rauskriegen", schreibt Lorena.

„Tja, vor dem Computer-Mädchen ist keiner sicher, haha!", schreibt Carla.

„Haha, genau! Und was machst du am Wochenende?", fragt Lorena.

„Ich treffe mich mit Tomás", schreibt Carla. „Er hat mich für Samstagabend zum Essen in ein Restaurant eingeladen."

„Oh, oh!", schreibt Lorena. „Da wird am Wochenende was gehen."

„Haha, vielleicht!", schreibt Carla.

„Moment mal!", schreibt Lorena. „Jemand hackt gerade meinen Computer, ich schreib dir gleich wieder."

Zuhause springt Enrique auf und zieht schnell das Internetkabel aus seinem Computer. Dann atmet er erleichtert auf, er wäre beinahe aufgeflogen.

Am nächsten Tag, während Enrique mit seinen Freunden chattet, bekommt er wieder eine Nachricht von jemandem namens Carol-19.

„Was geht ab? (*Qué onda* - mexikanischer Gruß). Bist du bereit für den Job?"

„Okay, erzähl mir, worum es bei dem Job geht", schreibt Enrique.

„Etwas, das nur du richtig gut kannst", schreibt Carol-19.

„Wie weiß ich, dass es sicher ist?", fragt Enrique.

„Für uns ist nichts wirklich sicher und das weißt du", schreibt Carol-19. „Darum lieben wir diesen Job."

„Na gut", schreibt Enrique. „Aber wenn ich misstrauisch werde, steige ich ohne Erklärung aus."

„Ok (*A wiwis* - ein Ausdruck zur Bestätigung)", schreibt Carol-19. „Wir treffen uns in zwei Minuten im Internetcafé an der Ecke deines Hauses. Wenn du da bist, geh rein, setz dich an einen Computer, aber benutz ihn nicht. Warte einfach. Die Uhr tickt, also beeil dich (*a darle que es mole de olla*)."

Enrique verlässt den Chat, lässt seinen Computer an und rennt zum Internetcafé in der Nähe seines Hauses. Er geht rein, fragt nach einem Computer, benutzt ihn aber nicht und wartet. Trotzdem kommt niemand. Enrique schaut sich in alle Richtungen um, aber es taucht niemand auf.

Nach einer Weile geht Enrique nach Hause und denkt: ‚Dieser Carol-19 ist echt ein fieser Typ!' (*Canijo* bedeutet in Mexiko *verachtenswert* oder *ein schlechter Mensch*). „Der hat mich echt veräppelt!“ (*Me hizo de chivo los tamales*), sagt Enrique zu sich selbst.

Doch als er sich an seinen Computer setzt, bemerkt er, dass eine neue Datei auf seinem PC ist. Tatsächlich wollte Carol-19 ihn nur von seinem Computer weglocken, um sich einzuhacken und ihm die Infos zuzusenden.

Enrique ärgert sich über die Täuschung, aber er ist auch neugierig, was in der Datei drinsteht, die ihm zugeschickt wurde. Zuerst checkt er sie auf Viren, dann öffnet er sie mit einem etwas mulmigen Gefühl. In der Datei steht:

„Entschuldige den kleinen Trick, aber das war der einzige Weg, um dir diese Infos sicher zu schicken. Ich will ehrlich sein, der Job ist gefährlich, deshalb sind wir sehr vorsichtig. Hier sind die Codes für Flugtickets nach Cancún an diesem Wochenende, wo du im Ritz-Carlton-Hotel übernachtest; ein Zimmer ist für drei Tage reserviert und bezahlt. Nimm deinen Laptop nicht mit, es wird einer im Zimmer sein, nimm die Programme, die du brauchst, auf einem USB-Stick mit, und hinterlasse keine Spuren.“

Enrique ist überrascht und sagt: „Das ist ernst.“ Er liest weiter:

„Wir haben dir schon zweitausend Dollar überwiesen, wenn du den Job machst, gibt es achttausend Dollar mehr. Es ist notwendig, dass du einen speziellen Virus auf einer Website installierst, die von einer Terrorgruppe benutzt wird. Der Virus wird auf dem Laptop im Hotel sein. Ich muss dir nicht sagen, wie gefährlich es ist, mit jemandem darüber zu reden. Viel Glück."

Enrique kann es nicht fassen, er ruft an, um Tickets und die Reservierung zu prüfen, ja, alles ist bezahlt. Und als er bei seiner Bank online schaut, sind die zweitausend Dollar schon da. Jetzt wird er nervös.

Ohne es jemandem erzählen zu können, fliegt Enrique von Mexiko-Stadt nach Cancún und checkt im luxuriösen Fünf-Sterne-Hotel ein. Als er das Zimmer betritt, sieht er einen Laptop auf dem Tisch. Enrique ist so neugierig, dass er ihn sofort öffnet und einschaltet, um Anweisungen zum Zugang zur Website eines gefährlichen mexikanischen Drogenkartells zu finden.

„Mein Gott!", sagt Enrique, als er sieht, dass es ein Drogenkartell ist. Na gut, hier ist der Job.

Enrique steckt den USB-Stick ein, lädt seine Hacker-Tools runter, hackt die Website, knackt die Sicherheitscodes und installiert den Virus. Die ganze Aktion dauert etwa drei Stunden.

„Wow, nicht schlecht!", sagt er zu sich selbst. „Das war einfacher als ich dachte, warum sollten sie so viel für einen Job bezahlen, den ich von überall hätte machen können?"

Dann denkt Enrique kurz nach und sagt: „Oh nein! Das geht nicht von überall, ich muss hier weg!"

Enrique sprintet zum Fenster seines Hotelzimmers und sieht von dort, wie etwa zwanzig Autos ankommen.

Männer in schwarzen Uniformen und bewaffnet wie Soldaten steigen aus und betreten das Hotel.

„Oh nein!", ruft Enrique und rennt los, um seine Fingerabdrücke vom Laptop zu wischen, legt ihn auf den Tisch, verlässt das Zimmer und nimmt den Angestellten-Aufzug.

Im Küchenbereich angekommen, entdeckt Enrique den Hinterausgang, wo gerade ein Müllwagen wegfährt. Enrique hat keine andere Wahl, als in den Müllwagen zu klettern und sich in den Abfällen zu verstecken, um nicht entdeckt zu werden.

Der Lkw fährt los und die bewaffneten Männer, die die Tür observieren, checken die Ausweise des Fahrers und des Helfers, schauen in den Lkw, ohne Enrique zu bemerken, und lassen den Müll abtransportieren, mit Enrique mittendrin.

Zuhause in Mexiko-Stadt bekommt Enrique eine Nachricht von Carol-19:

„Du hast super Arbeit geleistet, sie haben alle Gäste überprüft und dich nicht gefunden. Wir haben deinen Namen im Reservierungssystem geändert und die Überwachungsvideos gelöscht, damit man dich nicht zurückverfolgen kann. Willst du wissen, warum ich wusste, dass du der richtige Hacker für den Job bist? Ich wusste es, als du meinen Computer gehackt hast, während ich mit meiner Freundin Carla geplaudert habe. Bis morgen, ich bin schon so gespannt, wie du es geschafft hast, nicht erwischt zu werden." (*cómo le hiciste para que no te cayera el chauízcle* - mexikanischer Ausdruck).

Geschichte 7: Der Bettler in der Innenstadt von Bogotá, Kolumbien

In Bogotá, der Hauptstadt von Kolumbien, lebt ein alter Mann namens José Manuel Carranza. Seit einigen Jahren hat er einen weißen Bart, den er ab und zu stutzt, wobei er ihn absichtlich ungepflegt schneidet, um *desgualetado* auszusehen, wie man in Bogotá Leute nennt, die sich nicht um ihr Äußeres kümmern.

Er trägt eine alte Hose, ein fleckiges Hemd und einen zerrissenen Mantel als Arbeitskleidung und natürlich seine *Chagualos*, also seine alten Schuhe, die dürfen nie fehlen.

Seine Aufgabe ist es, Bettler zu sein, aber Herr Carranza müsste eigentlich nicht betteln gehen. Er wohnt in einem schönen Haus in einem Stadtteil von Bogotá namens Usaquén, hat etwas Geld angespart und besitzt drei Mietwohnungen, die ihm ein monatliches Einkommen bringen, das alle seine Kosten deckt und ihm sogar noch etwas Geld übriglässt.

Warum arbeitet er denn dann als Bettler?

Die Frau von Herrn Carranza ist Doña María Eugenia (in Kolumbien werden verheiratete Frauen oft *Doña* genannt). Eines Morgens als José Manuel einen schwarzen Kaffee (*tinto*) und seine Frau einen Kaffee mit etwas Milch (*perico*) trinken, sagt sie zu ihm:

„Wie lange willst du noch in der Stadt betteln gehen?“

„Du weißt doch genau, warum ich das mache“, antwortet José Manuel.

„Glaubst du, du kommst in den Himmel, wenn du um Geld bettelst?“, fragt Doña María Eugenia frustriert.

„Ich habe mein Ticket für den Himmel schon vor langer Zeit verloren", antwortet José Manuel.

„Ja, siehst du", sagt Doña María Eugenia. „Warum glaubst du immer noch, dass dein Geld anders ist als das der anderen? Es ist doch dasselbe Geld!"

„Es ist nicht dasselbe Geld", sagt José Manuel, „ich habe es dir schon so oft erklärt. Ich habe mein Geld verdient, indem ich anderen Menschen wehgetan habe, dieses Geld ist mit Blut befleckt; für dieses Geld habe ich viele Jahre im Gefängnis (*guandoca*) verbracht. Aber das Geld, um das ich im Zentrum bitte, habe ich ehrlich verdient, ohne jemanden zu verletzen. Deshalb kann ich diesen Kindern mit diesem Geld helfen."

José Manuel war früher, als er jung war, ein Waffenhändler. Er hatte durch den Krieg viel Geld verdient. Er hatte mehr als zehn Jahre im Gefängnis verbracht, weil er Waffen an Kriminelle verkauft hatte.

Seit einigen Jahren unterstützt José Manuel nun ein Waisenhaus in der Stadt mit Geld, aber er glaubt, dass er ihnen nichts von seinem Geld geben sollte, weil es für ihn schmutziges Geld ist. So kam er auf die Idee, sauberes Geld für das Waisenhaus zu verdienen, indem er den Bettler spielt (*hacerse el mendigo*), also sich als Bettler ausgibt und im Stadtzentrum um Geld bittet.

Jeden Tag bringt ihn Doña María in ihrem Auto, das neuste Modell, zur Haltestelle der *Transmilenio,* dem Busverkehrssystem von Bogotá, und von dort aus geht José Manuel ins Zentrum, in das Viertel *La Candelaria.*

Dann lässt er sich bis zur Straße 11 bringen, wo sich die *Catedral Primada*, eine wichtige Kirche der Stadt, befindet.

An der Nordseite der Kirche befindet sich ein Restaurant namens *La puerta falsa*, das älteste Restaurant Bogotás, das 1816, vierzehn Jahre vor dem Tod Simón Bolívars, eröffnet wurde. Es wird erzählt, dass Manuelita Sáenz, die Frau des Befreiers, immer dorthin ging, um Süßes zu kaufen, um das dann mit General Bolívar zu teilen.

José Manuel setzt sich in die Nähe der Tür des Restaurants, neben einem der Fenster, unter dem Balkon in der Mitte, dem größten Balkon, für den Fall, dass es nieselt oder zur Mittagszeit ein wenig zu sonnig wird.

Die Leute im Zentrum kennen ihn schon, sie kommen sogar vorbei, um ihn zu grüßen:

„Guten Morgen, Señor José!“, sagt eine Dame im Vorbeigehen.

„Hey! Was gibt‘s! (*Quiubo*) Guten Morgen!“, antwortet José Manuel (*Quiubo* ist eine in der Stadt übliche Grußformel, eine Verkürzung von *Qué hubo* (dt. Übersetzung: *Was war passiert? Was ist so passiert?).*

José Manuel freut sich am meisten, wenn ein Kind aus dem Restaurant kommt und ihm ein leckeres kolumbianisches Brötchen namens *Almojábana* schenkt, anstatt Geld zu geben. Dann segnet der alte Bettler das Kind von Herzen und spricht einen Vers:

„Ein Brötchen für einen Bettler,
was für ein Glück!
Kind aus Kolumbien, ich segne dich.

Wachse groß und stark heran,
habe viele gute Freunde,
und möge Gott mir das Glück schenken, dich zu sehen, wenn du ein guter Mensch geworden bist und deine Eltern stolz auf dich sind."

Natürlich freuen sich die Eltern über den Segen für ihre Kinder, weshalb ihm viele gern ein Brötchen für einen Segen kaufen und glücklich fortgehen.

José Manuel beendet seinen Bettlertag gegen 14 Uhr, mit einer Tüte voller Brötchen und Geld in der Landeswährung (*pesos*). An einer ruhigen Stelle wartet seine Frau in ihrem Auto (*carro*), und José Manuel steigt ein.

Sofort riecht die Ehefrau den leckeren Duft der Almojábanas, und dann läuft es immer gleich ab:

„José Manuel...", sagt Doña María Eugenia und macht eine Pause.

„Na, kann ich dir behilflich sein?", fragt er respektvoll. José Manuel wusste genau, worauf María Eugenia anspielte.

„Nur eins bitte José Manuel", sagt sie und zeigt auf die Tüte.

„Nein, ich werde dir keine Almojábana geben", entgegnet José ernst.

„Aber sie riechen so gut", sagt María Eugenia.

„Das ist für die Kinder und du weißt das", sagt José Manuel.

„Wirklich nur eins, José Manuel", sagt seine Frau, „habe ich denn keine einzige Almojábana verdient?"

„Na gut, nur eins", gibt José Manuel nach und öffnet die Tüte, damit sie sich selbst eins rausholen kann.

Doña María Eugenia nimmt eine Almojábana und lässt das Auto langsamer werden, bis es zum Stehen kommt. Dann beißt sie genüsslich hinein und schließt dabei ihre Augen, um den Geschmack voll auszukosten. José Manuel schaut sie lächelnd an. Er selbst nimmt keine Almojábana, obwohl er sie sehr gerne mag.

Zuhause zieht er seine Bettler-Klamotten aus und kleidet sich anständig. Dann gehen beide zum Waisenhaus, um die Almojábanas und Spenden abzugeben.

José Manuel kommt mit seinem Geländewagen (ein rustikaler 4x4) an, und sie steigen in einem armen Stadtviertel aus. Sie klopfen an eine Holztür, die eine lächelnde Frau öffnet.

„Hallo! Wie geht's Ihnen?"

„Sehr gut Doña Carmen", sagt José Manuel.

„Wie geht es Doña María Eugenia?", fragt Doña Carmen lächelnd.

„Sehr gut, danke", antwortet María Eugenia, gespannt darauf, die Kleinen zu sehen.

Sie betreten einen großen Raum, wo etwa zehn Kinder aufhören, ihrer Lehrerin zuzuhören, und zu José Manuel und María Eugenia rennen, um sie zu umarmen. Die

Kinder freuen sich, aber die beiden sind noch glücklicher.

José Manuel holt die Tasche mit den Brötchen hervor und fragt:

„Wer verteilt heute?"

„Ich!", ruft ein siebenjähriges Mädchen und hebt die Hand.

„Du weißt, was zu tun ist, oder?", fragt sie José Manuel und gibt ihr die Tüte.

„Ja", antwortet das Mädchen.

Das Mädchen verteilt die Almojábanas zuerst an Doña Carmen, die sich eins nimmt und sich bei ihr bedankt, dann an die Lehrerin, danach an María Eugenia, dann José Manuel und zum Schluss eins für jedes Kind. Am Ende bleiben nur zwei Brötchen in der Tüte, die sie Doña Carmen gibt.

Nachdem alle gegessen haben, geben José Manuel und María Eugenia den Kindern eine Stunde Englischunterricht, meistens mit Liedern. Danach verabschieden sie sich, lassen das Geld bei Doña Carmen und fahren nach Hause.

Beim Abendessen, im Haus von José Manuel, fragt María Eugenia ihn:

„Ich habe eine Frage an dich."

„Frag nur", sagt José Manuel *(Píntemela a ver y yo le digo cuantos pares son tres moscas - Mal sie mir auf und ich sage dir, wie viele Paare drei Fliegen sind.* Dies ist eine sinnlose Redewendung, die in Kolumbien verwendet wird, um jemanden dazu ermuntern, eine Frage zu stellen.)

„Was wirst du tun, wenn sie es herausfinden?“, fragt María Eugenia.

„Wenn sie mich entlarven, werde ich lachen und sagen: Ihr habt echt lange gebraucht, um das herauszufinden“, sagt José Manuel lachend.

„Und was wirst du dann tun?“, fragt María Eugenia.

José Manuel schaut ihr in die Augen und sagt:

„Ich werde einen anderen Weg finden, um sauberes Geld für die Kinder zu verdienen. Ich werde nicht aufgeben. Solange ich lebe, kann ich helfen.“

Geschichte 8: Der argentinische Patient

In fast allem lateinamerikanischen Ländern scheuen die Menschen den Besuch eines Psychologen. Warum auch immer denken sie, sie bräuchten keinen. In Argentinien ist das anders, dort gehen die meisten Menschen zum Psychologen wie zu einem normalen Arzt. Aber sie sind nicht immer mit der Diagnose einverstanden.

Cristian, ein 25-jähriger Mann aus Buenos Aires (*porteño* bedeutet, dass jemand aus der Stadt Buenos Aires, der Hauptstadt des Landes, stammt), lebt im Viertel Recoleta. Heute hatte er einen Termin bei seinem Psychologen.

Cristian liegt auf der Couch, beantwortet all seine Fragen und spricht über seine Probleme. Nach einer Stunde beendet der Psychologe die Sitzung.

„Sagen Sie mir, Doktor, was habe ich nun?", fragt Cristian.

„Das Problem ist, dass Sie ein Selbstwertgefühl-Problem haben", sagt der Psychologe zu Cristian. „Nächste Woche beginnen wir mit den Therapie-Sitzungen, um das zu verbessern (Der Psychologe spricht Cristian mit *vos* an. Die Argentinier verwenden *vos* anstelle von *tú* und *tenés – du hast/Sie haben* ist die regionale Form von *tienes*).

„Okay, Doktor", antwortet Cristian ein wenig enttäuscht, „wir sehen uns nächste Woche."

Cristian geht ein wenig verärgert weg. Er hatte eine schwerwiegendere Diagnose erwartet, weil er glaubt, dass Selbstwertgefühl kein großes Thema ist. Außerdem denkt er nicht, dass er Probleme damit hat. Cristian geht traurig nach Hause, als er auf dem Nachhauseweg seinen Jugendfreund Fernando trifft.

„Hallo Cristian!“, sagt Fernando. „Du siehst traurig aus, komm tu mir den Gefallen, trink ein Bier mit mir“ (*vení, haceme una gauchada, tomate una birra conmigo*).

„Na gut“, antwortet Cristian ein wenig niedergeschlagen.

„Wo kommst du her?“, fragt Fernando.

„Von einem Termin beim Psychologen“, sagt Cristian, „aber zu dem werde ich nicht mehr gehen.“

„Hat er so schlechte Arbeit geleistet?“, fragt Fernando.

„Nein, irgendwie ist der Psychologe einfach verrückt (*le faltan un par de jugadores*)“, sagt Cristian.

„Warum sagst du das?“, fragt Fernando. (Die Argentinier sagen *decís* anstatt *dices.*)

„Kumpel, ich glaube, dieser Psychologe hat nicht alle Tassen im Schrank! (*no le llega el agua al tanque*)”, sagt Cristian zu seinem Freund Fernando. „Wer kommt denn auf die Idee, dass ich Selbstwertprobleme haben könnte? Mit meinem Selbstwertgefühl ist alles gut, das ist nicht das Problem.“

„Und was denkst du denn, was dein Problem ist?“, fragt Fernando (in dieser Region sagen sie *creés* statt *crees* für *du glaubst*).

„Mein Problem ist, dass bei mir alles schiefläuft, ich kriege einfach nichts richtig hin“, sagt Cristian.

„Warum sagst du, dass bei dir alles schiefgeht?“, fragt ihn Fernando.

„Zum Beispiel versuche ich schon lange, einen Kredit zu bekommen, um meine eigene Firma zu gründen. Aber gestern war ich bei der Bank, und obwohl ich alle Unterlagen dabei hatte, haben sie mir keinen Kredit gegeben. Kannst du das glauben? Sie haben mir einen Strich durch die Rechnung gemacht.“

Der Ausdruck *Me cortaron las piernas* (wörtlich: *Sie haben mir die Beine abgeschnitten*) ist in Argentinien sehr bekannt. Am 30. Juni 1994 zog sich Argentiniens größter Fußballspieler, Diego Armando Maradona, von der Weltmeisterschaft in den USA zurück. Er war positiv auf Doping getestet worden. Es war das Ende seiner Karriere in der argentinischen Nationalmannschaft. In diesem Moment sagte Maradona den berühmten Satz *Me cortaron las piernas*, mit dem die Argentinier ihre Frustration ausdrücken, wenn sie der Meinung sind, dass ihnen Unrecht widerfahren ist.)

„Das ist so unfair“, sagt Cristian weiter, „ich bekomme nie das, was ich will. Mein Bruder hat gerade seinen Abschluss gemacht und hat sofort seinen ersten Kredit bekommen. Ist das normal?“

„Ist es nicht normal, dass man manchmal etwas warten muss?“, fragt Fernando.

„Nein!“, sagt Cristian und fragt: „Wie lange ist es her, dass du dein eigenes Unternehmen gegründet hast?“

„Vor fünf Jahren”, antwortet Fernando.

„Siehst du?! Und jetzt bist du erfolgreich (*sos Gardel*)", sagt Cristian. (*Sos* wird in Argentinien anstelle von *eres* verwendet, und *sos Gardel* bedeutet, dass man erfolgreich ist. Es ist eine argentinische Redewendung, die die Person mit Carlos Gardel vergleicht, dem legendären Tango-Sänger, einer in Argentinien und den Nachbarländern sehr beliebten Musikrichtung).

„Naja, es war auch nicht einfach", sagt Fernando, „es waren fünf sehr harte Jahre."

„Fernando, du bist klasse (*copado*), ich freue mich, dass du dein eigenes Geschäft hast. Aber ich versuche seit Jahren, ein Unternehmen zu gründen, und es gelingt mir nicht. Und das soll nur eine Frage des Selbstbewusstseins sein? Dieser Psychologe hat keine Ahnung."

„Und was glaubst du, was mit dir los ist?", fragt Fernando.

„Ich weiß es nicht. Das wollte ich von dem Psychologen wissen, aber er kam mit diesem Unsinn übers Selbstwertgefühl."

„Apropos", sagt Fernando, „wusstest du, dass der Vater von Eduardo und Lucía gestorben ist?" (*sabés* ist die argentinische Form für *sabes*).

„Nein, ich wusste nicht, dass sein Alter (*su viejo*) gestorben ist", sagt Cristian. (In Argentinien sagt man *mein Alter*, *dein Alter* oder *sein Alter*, um sich auf den Vater zu beziehen.)

„Ja, er ist an Krebs gestorben", sagt Fernando, „obwohl der Krebs schon entdeckt wurde, als er noch im Anfangsstadium war."

„Aber wenn er rechtzeitig erkannt wurde, warum ist er dann daran gestorben?", fragt Cristian.

„Weil, obwohl der Alte nicht wusste, was er hatte", erklärt Fernando, „behauptete er, der Spezialist habe sich geirrt, er habe keinen Krebs, er müsse etwas anderes haben."

„Eduardo und Lucía tun mir sehr leid", sagt Cristian, „aber man muss schon ganz schön blöd sein, um so zu denken. Wenn man nicht weiß, was man hat, und ein Spezialist sagt etwas, dann sollte man..."

Cristian hält inne und denkt nach. Als er merkt, was er da gerade gesagt hat, lächelt er und sagt:

„Ich bin genauso, oder?"

„Ja, du machst genau das gleiche", sagt Fernando und lächelt.

„Du hast recht, ich weiß nicht, warum bei mir die Dinge schieflaufen. Ich sollte diesem Psychologen eine Chance geben, auch wenn ich denke, dass er ein bisschen verrückt ist", sagt Cristian.

Cristian fing an, einmal pro Woche zum Psychologen zu gehen. Es dauerte nicht lange, bis er aufhörte zu denken, dass bei ihm alles schiefläuft. Er begann zu erkennen, dass es viele Dinge gab, in denen er erfolgreich war und die ihn besonders machten. Mit der Zeit machte er

Fortschritte, ohne sich ständig mit anderen zu vergleichen.

Ein Jahr später gründete Cristian sein eigenes Unternehmen und war sehr glücklich. Er war nun ein positiver Mensch, voller Pläne und Begeisterung.

Als Eduardo und Lucía zufällig in Cristians Geschäft kamen, erinnerte er sich daran, dass er sie nie auf den Tod ihres Vaters angesprochen hatte.

„Ich wusste nicht, dass euer Vater an Krebs gestorben ist", sagt Cristian zu Lucía.

„Nein! Mein Vater lebt noch und es geht ihm sehr gut, wer hat dir denn sowas erzählt?", fragt Lucía.

Cristian lacht und sagt:

„Oh wie schön, dass es nicht wahr ist! Ein Freund von mir, der gern schwindelt und den ich sehr mag, hat mir das erzählt. Morgen ruf ich ihn mal an."

Geschichte 9: Die Kunsthandwerkerin aus Guatemala

Daniela ist eine 26-jährige Frau, die in der größten Versicherungsgesellschaft in Guatemala-Stadt, die Hauptstadt von Guatemala, arbeitet. Jeden Tag muss sie viele Anträge prüfen, genehmigen oder ablehnen. Obwohl sie mit ihrem Job unzufrieden ist, bleibt sie dabei, weil er gut bezahlt wird und das Arbeitsumfeld angenehm ist.

Am Ende ihres langweiligen Arbeitstages kehrt Daniela mit ihren hohen Absätzen und ihrer schönen blauen Uniform, bestehend aus Rock und Jacke, nach Hause zurück.

An einigen Tagen geht Daniela bis zum Boulevard Juan Pablo II, um sich guatemaltekisches Kunsthandwerk auf dem Markt La Aurora anzuschauen, das von der Maya-Kultur geprägt ist.

Heute, als sie an einem Kunsthandwerksladen vorbeikommt, beobachtet sie einige ältere Frauen, die mit ihren geschickten Händen schöne Dinge aus Keramik herstellen und sie von Hand bemalen.

Daniela bleibt stehen, um ihnen bei der Arbeit zuzusehen, und ist neidisch auf sie, denn als sie jünger war und studierte, stellte sie auch Kunsthandwerk her und bezahlte damit ihr Studium. Aber nach ihrem Abschluss hatte sie beschlossen, sich einen *richtigen* Job zu suchen für einen sicheren Arbeitsplatz.

Als sie zuschaut, bemerkt sie, dass eine der älteren Frauen einen Pinsel nimmt, ihn in weiße Farbe taucht und etwas auf einen blauen Hintergrund malt, der auf einer Vase gemalt ist. Gerade als die erfahrene

Handwerkerin das Stück bemalen will, kann Daniela nicht anders, als sie zu unterbrechen und zu sagen:

„Gnädige Frau! Verzeihen Sie, dass ich mich einmische, aber meinen Sie nicht, dass es mit Gelb besser aussehen würde?"

Die Frau, eine Handwerkerin mit jahrelanger Erfahrung, lächelt und sagt:

„Möchtest du es selbst bemalen?"

Daniela ist verlegen (*chiveada*) und sagt:

„Entschuldigen Sie, das ist Ihr Werk. Es ist nur eine persönliche Meinung."

Die erfahrene Kunsthandwerkerin schaut sich die Vase erneut an und fragt Daniela:

„Würdest du wirklich Gelb auf diese blaue Vase malen?"

„Ja", sagte Daniela mit einem Lächeln, „ich glaube, das würde sie aufhellen."

Die Kunsthandwerkerin bat sie, näher zu kommen und reichte ihr den Pinsel.

„Hast du schon mal Keramik bemalt?" fragte die Dame.

„Ja", sagte Daniela, als sie den Pinsel nahm, „aber das ist schon lange her."

„Dann lass es uns ausprobieren, bemal es, und dann werden wir sehen, wie es aussieht", sagte die erfahrene Handwerkerin.

Daniela tauchte den Pinsel in die gelbe Farbe und begann, einige Blumen zu malen. Als die erfahrene Handwerkerin das sah, rief sie ihre Kolleginnen herbei, um zuzuschauen. Drei weitere Damen kamen und sahen zu, wie die junge Frau wunderschöne Blumen auf die Vase malte. Als Daniela mit Gelb fertig war, nahm sie Rot, dann Violett, Blau und schließlich Grün.

Das Ergebnis würde nach dem Brennen des Stücks in einem speziellen Keramikbrennofen sichtbar sein.

Während das Keramikstück gebrannt wurde, half Daniela den Frauen beim Formen von Tellern, Schüsseln und einigen Küchenutensilien. Während sie arbeiteten, plauderten sie miteinander (*platicaban*):

„Hier arbeiten wir vier Frauen", erzählte die Dame Daniela, „und wie du siehst, sind wir alle schon ein wenig älter. In ein paar Jahren werden wir nicht mehr arbeiten können und bald wird es niemanden mehr geben, der das Handwerk unserer Maya-Kultur, das wir von unseren Vorfahren geerbt haben, weiterführt."

„Was ist mit Ihren Töchtern? Sind sie nicht daran interessiert, das zu lernen?" fragte Daniela.

„Es ist immer das Gleiche", sagte eine andere erfahrene Kunsthandwerkerin, „die Mädchen, die töpfern wollen, sind diejenigen, die kein Talent haben, und die, die ein Talent zum Töpfern haben, wollen in einem Büro arbeiten."

„Lass das nicht zu", sagte eine andere erfahrene Handwerkerin zu Daniela, „du hast das Talent; hier kannst du jeden Tag etwas anderes malen; verschwende deine Zeit nicht damit, jeden Tag immer das Gleiche in einem Büro zu machen."

Einige Zeit später war die Vase fertig und die Handwerkerinnen nahmen sie aus dem Brennofen.

„*Sa Nigua!* (in Guatemala ist das ein sarkastisches Kompliment)", sagte eine der älteren Damen, „sie ist wirklich wunderschön geworden (*chulo*)!"

Die Bemalung der Vase ist wunderschön geworden, und alle Handwerkerinnen gratulierten Daniela.

„Du musst malen, das ist dein Talent", sagte eine der Kunsthandwerkerinnen, „du solltest diese Uniform nicht tragen. Warum kommst du nicht morgen und hilfst uns (*nos haces la pala*)?"

„Nein (*Nel*). Ich kann wirklich nicht, ich habe Verpflichtungen bei meiner Arbeit", sagte Daniela.

Eine der erfahrenen Kunsthandwerkerinnen sagte zu ihr:

„Es gibt nur eine Chance, jeden Tag wirklich zu leben, und wenn dieser Tag vorbei ist, kommt er nie wieder, es bleiben nur Erinnerungen. Wähle also gut aus, welche Erinnerungen du für dein Leben haben möchtest."

Die Handwerkerinnen schenkten Daniela die Vase, die sie selbst bemalt hatte. Sie war sehr glücklich, nahm sie mit nach Hause und stellte sie zusammen mit einigen Blumen aus ihrem Garten in ihr Zimmer.

In der Nacht betrachtete Daniela von ihrem Bett aus die Vase, die sie selbst bemalt hatte, und dachte (*craneaba*) über die Worte der alten Handwerkerin nach.

Wie viele Tage waren vergangen, seit sie diesen Job gefunden hatte, der sie so sehr langweilte? Welche Erinnerungen waren bei ihr geblieben? Verpasst sie vielleicht wirklich etwas Besseres?

In dieser Nacht schlief Daniela tief ein (*se cuajó*). Sie träumte, dass sie in einer Töpferwerkstatt arbeitete und schöne Muster auf Teller, Schalen, Vasen und andere Dinge malte. Dann machte sie Fotos davon und lud sie in ihren sozialen Netzwerken hoch. In ihrem Traum hörte Daniela eine Stimme zu ihr sagen:

„Du bist eine Erbin der Maya-Kultur, du hast das Talent unserer Vorfahren. Lass das Leben nicht an dir vorbeiziehen, ohne dass du etwas tust, von dem du weißt, dass du es liebst."

Daniela wachte am Morgen auf und fühlte etwas, was sie schon lange nicht mehr empfunden hatte: Sie fühlte sich glücklich.

Die junge Frau ging wie jeden Tag zur Arbeit, aber etwas hatte sich verändert; jetzt wuchs in ihrem Herzen ein Traum, sie wollte töpfern; sie fühlte sich verpflichtet, die Traditionen ihrer Vorfahren zu bewahren. Außerdem reichte das Geld, das sie bei der Versicherungsgesellschaft verdiente, nicht allein, um sie glücklich zu machen.

Natürlich hatte sie Angst (*arralada*), ihren Job aufzugeben, aber ihr Wunsch, jeden Tag etwas Neues zu erleben, war größer als ihre Ängste. Also plante sie ihren Ausstieg bei der Versicherungsgesellschaft, sprach mit den Künstlerinnen, die ihr gerne Arbeit gaben, und einen Monat später kündigte sie ihren langweiligen Job.

Sie musste ihre Ausgaben reduzieren und einige Opfer bringen, aber sie war glücklich, das zu tun, was sie wirklich gerne tat.

Jetzt, nach fünf Jahren, hat Daniela ihre eigene Werkstatt für Kunsthandwerk in Guatemala, verkauft über die sozialen Medien in die ganze Welt und hat Kunden in Indonesien, Singapur und Japan.

Geschichte 10: Der lernende Geschäftsmann aus Costa Rica

Luis ist ein erfolgreicher Geschäftsmann aus der Hauptstadt von Costa Rica, San José. Er hat sich nach vielen Jahren Fleiß sein eigenes Unternehmen im Terra Campus aufgebaut, einem Geschäftszentrum im Einkaufszentrum Terramall östlich der Stadt.

Carlos, ein Mitarbeiter von Luis, möchte unbedingt lernen, wie Luis es schafft, so gute Geschäfte zu machen. Nach über einem Jahr bei Luis traut sich Carlos endlich, ihn darauf anzusprechen:

„*Pura vida, mae*! *Tuanis o manudo*?“, begrüßt Carlos Luis.

(*Pura vida* ist ein Ausdruck, der in Costa Rica oft verwendet wird, um *Todo bien (Alles gut)*, *Hola* (*Hallo*), *Adiós* (*Tschüss*) oder *¿Qué tal*? (*Wie geht's*) zu sagen, neben vielen anderen Verwendungen. Zum Beispiel kann jemand *pura vida* sein, wenn er ein guter Mensch ist. *Mae* bedeutet so viel wie *hombre* (*Mann*), *amigo* (*Freund*) oder *compañero* (*Kumpel*).

(*Tuanis* heißt *sehr gut* und *manudo* bezieht sich auf einen Fan der Fußballmannschaft Alajuelense. Wenn man also fragt: *Tuanis o manudo*? ist das so, als würde man fragen: „Geht's dir gut oder bist du ein Fan der Alajuelense-Mannschaft?”)

„Zum Glück (*dicha*) ist alles gut“, antwortet Luis.

„Luis, ich möchte dich etwas fragen“, sagt Carlos: „Was ist dein Geheimnis für erfolgreiche Geschäfte?“

„Ha, ha, ha“, lacht Luis und sagt dann: „Nicht alle meine Geschäfte laufen gut. Manchmal geht es schief (*chuecos*) und ich verliere Geld (*chochosca*).“

„Aber es muss etwas sein“, meint Carlos, „etwas Besonderes, das du machst, was andere nicht tun.“

„Ich verrate dir mein kleines Geheimnis (*secretico*) für gute Geschäfte“, sagt Luis.

(In Costa Rica verwenden die Leute gerne Diminutive, wie *secretico* anstelle von *secreto* oder *negocitos* statt *negocios,* als ob alles, was sie tun, klein wäre.)

Carlos ist gespannt und hofft, endlich die Geheimformel für Reichtum und Erfolg zu erfahren, das Mittel, das ihn an die Spitze bringen würde.

„Mein kleines Geheimnis (*secretico*) ist, dass ich viele Leute kenne“, sagt Luis.

„Aber ich kenne auch viele Leute!“, entgegnet Carlos überrascht und enttäuscht von dem, was er gerade gehört hat.

„Aber deine Freunde sind Leute genau wie du“, sagt Luis lächelnd, „mit den gleichen kleinen Vorlieben (*gusticos*) und Interessen.“

„Ich verstehe nicht“, sagt Carlos. „Ist es nicht normal, dass man mit seinen Freunden Gemeinsamkeiten hat?“

„Klar“, sagt Luis, „das macht jeder, aber du willst nicht wissen, was jeder macht. Du willst ja mein kleines Geheimnis (*secretico*) für gute Geschäfte wissen. Manche halten mich für verrückt (*camote*), aber um erfolgreich zu sein, darf man nicht immer das tun, was alle anderen machen.“

„Das stimmt“, sagt Carlos, „ich höre dir weiter zu.“

„Nehmen wir an, du bist Ingenieur und willst ein Ingenieurbüro eröffnen“, begann Luis zu erklären, „und weil alle deine Freunde Ingenieure sind, stellst du nur Ingenieure ein. Was würde passieren?“

„Nichts, alles würde gut laufen. Es ist doch ein Ingenieurbüro, oder?“, antwortet Carlos, der immer noch nicht verstand, worauf Luis hinauswollte.

„Überlege nochmal: Wer würde die Buchhaltung machen“, fragt Luis. „Wer würde sich um die Werbung kümmern? Wer würde die Verwaltung übernehmen? Ein Ingenieurbüro (*oficinita*)mit nur Ingenieuren würde nicht lange bestehen“, erklärt Luis.

„Ich verstehe“, sagt Carlos, „Deswegen ist es nicht so einfach, wie soll ich mich mit jemandem unterhalten, der nichts mit mir gemeinsam hat?“

„Da hast du etwas Wichtiges gesagt“, meint Luis, „du hast gesagt: ‚Worüber soll ich reden?‘ Viele Menschen glauben, sie müssen reden, dabei sollten sie einfach fragen, zuhören und lernen.“

„Einfach fragen, zuhören und lernen?“, sagt Carlos.

„Genau, das ist sehr wichtig“, sagt Luis, „denn was bringt es, einen Berater zu haben, der nicht gerne redet, erklärt, hilft oder lehrt?“

„Da hast du recht, das ist sinnlos“, sagt Carlos.

„Eine Person kann viel Wissen über etwas haben, aber was wir suchen, sind Bekannte oder Freunde, die bereit sind, dieses Wissen zu teilen”, erklärt Luis.

„Das ergibt Sinn“, sagt Carlos.

„Zum Beispiel habe ich neulich jemanden in einer Bank kennengelernt“, erzählt Luis, „ein netter Architekt. Aber als ich ihm Fragen (*preguntica*s) zu seinem Beruf stellte, gab er mir kaum Informationen. Schließlich musste ich selbst das Gespräch am Laufen halten. Wenn zwei Menschen miteinander reden, findet ein Wissensaustausch statt und wer, glaubst du, gewinnt dabei?“

„Beide?“, antwortet Carlos.

„Ich gebe dir ein anderes Beispiel“, sagt Luis: „Bei einem Arztbesuch traf ich einen Mann, der Landwirt ist. Er erzählte mir, dass er ein kleines Grundstück (*terrenito*) mit vielen Hektar besitzt, auf dem er verschiedene Dinge anbaut. Er war ein netter Mann, der gerne redet, also fing ich an, ihn nach seinen Interessen zu fragen. Ich erfuhr, dass sie je nach gewünschtem Pflanzenwachstum bei zunehmendem oder abnehmendem Mond säen. Wer hat in diesem Gespräch etwas gewonnen?“

„Ich verstehe, dass in einem Gespräch derjenige gewinnt, der etwas lernt“, sagt Carlos, „derjenige, der zuhört, Fragen stellt und lernt. In diesem Fall warst du der Gewinner.“

„Gut, jetzt verstehst du es langsam“, sagt Luis. „Die Leute freunden sich normalerweise nicht mit Menschen an, die ganz anders sind als sie, weil sie denken, dass sie Schmeichler (*brocha*) sein müssen oder etwas gemeinsam haben sollten, um Freunde zu sein. Aber in Wahrheit müssen sie nur Fragen stellen, aufmerksam zuhören und lernen."

„Aber wie hilft dir das, dein Unternehmen erfolgreich zu machen?", fragt Carlos.

„Weißt du", erklärt Luis, „einen Monat, nachdem ich den freundlichen Bauern kennengelernt hatte, bot mir jemand ein kleines Geschäft (*negocito*) an: ein großes Stück Land, sehr günstig zu kaufen und mir die Setzlinge für die Bepflanzung zu geben. Das Geschäft schien großartig zu sein. Weißt du, wen ich zu dem Geschäft befragt habe?"

„Natürlich den Bauern", sagt Carlos.

„Ich besuchte ihn in seinem Haus", erklärt Luis, „und er bot mir an, mit mir zu dem kleinen Grundstück (*terrenito*) zu gehen. Es stellte sich heraus, dass das Saatgut auf diesem Land nicht funktionieren würde. Er erklärte mir, wofür das Land gut war und wie ich es nutzen sollte. Schließlich machte ich das Geschäft auf eine andere Art und Weise und verdiente eine Menge Geld *(platica)*, indem ich mich mit einer Person anfreundete, die anders war als ich."

„Jetzt schuldest du diesem Bauern einen Gefallen?", fragt Carlos besorgt.

„Natürlich tue ich das!", sagt Luis und lächelt. „Und ich selbst habe viele Leute kostenlos beraten, und sie schulden mir Gefallen. So verdient man Geld (*chochosca*).

Wenn wir selbstsüchtig mit unserem Wissen umgehen, verdienen wir kein Geld. Man verdient Geld, wenn wir das, was wir gelernt haben, teilen."

„Du meinst, dein Geheimnis für ein gutes Geschäft ist es, jemanden zu haben, der dich berät?", fragt Carlos.

„Genau", sagte Luis, „jetzt hast du es verstanden. Wenn du gut beraten bist, wird dich niemand übers Ohr hauen (*estafar*). Aber ohne Beratung wirst du am Ende etwas Schlechtes (*chunche*) kaufen und dann dein Geld verlieren."

„Jetzt verstehe ich", sagte Carlos nachdenklich, „sie können uns helfen und wir können ihnen helfen."

Geschichte 11: Das Ex-Bandenmitglied von San Salvador

Joel, ein unfreundlicher Mann, der nur an sich selbst denkt, lächelt nie. Für ihn ist Freundlichkeit nur eine menschliche Schwäche. Außerdem glaubt er, dass alle Menschen egoistisch sind und niemand etwas für andere tut, ohne etwas dafür zu verlangen.

Aber Joel hat einen guten Grund, so zu denken: Als er jung war, gehörte Joel einer gefährlichen salvadorianischen Bande, der Mara Salvatrucha, an, die für ihre zahlreichen Verbrechen berüchtigt war. Danach wollte Joel nichts mehr mit der Mara zu tun haben und hatte plötzlich auch keine Freunde mehr (*sin cheros*).

Eines Nachmittags klopfte eine Nachbarin an seine Tür. Joel öffnete die Tür, und als er die ältere Dame sah, dachte er: ‚Diese Frau braucht wohl etwas, deshalb klopft sie an meine Tür. Sie ist sicherlich eine Tratschtante (*chambrosa* - ein salvadorianischer Ausdruck, der bedeutet, dass sie über alle Nachbarn spricht).‘

Die Dame begrüßte ihn freundlich:

„Guten Tag, mein Name ist Augusta, wie heißt du?“

„Ich bin Joel“, sagte er emotionslos.

„Hallo Joel, ich habe ein Essen gekocht, das mir sehr gut geschmeckt hat, und deshalb wollte ich es mit dir teilen. Hier, es ist sehr lecker“, sagte die Frau.

Als Joel das Essen entgegennahm sagte er:

„Vielen Dank, Señora Augusta. Was kann ich für Sie tun?“

„Nein, nichts, mir geht es sehr gut“, sagte Augusta, „probiere das Essen und sag mir morgen, wie es dir geschmeckt hat.“

Aber Joel dachte: ‚Diese alte Frau hat bestimmt Hintergedanken. Niemand gibt jemandem eine Mahlzeit umsonst, sie will bestimmt etwas dafür haben.‘

Señora Augusta kam am nächsten Tag nicht zurück und Joel sah sie erst eine Woche später wieder, da klopfte Augusta erneut an seine Tür.

Joel öffnete die Tür und sagte:

„Guten Morgen, Señora Augusta, was kann ich für Sie tun?“

„Hallo Joel, es tut mir leid, dass ich störe“, sagte Señora Augusta, „ich habe hier etwas Süßes gebacken und wollte es mit dir teilen.“

Jetzt dachte Joel: ‚Diese alte Dame braucht einen großen Gefallen, denn sie bringt mir jetzt schon zum zweiten Mal etwas.‘

„Vielen Dank“, sagte Joel, „Kann ich Ihnen denn bei etwas helfen?“

„Nein. Danke, dass du bereit bist zu helfen“, sagte Augusta, „aber alles ist gut.“

Ein paar Tage später klopfte Augusta wieder an Joels Tür und als Joel sie durch den Türspion sah, bemerkte er, dass sie nichts in den Händen hielt und sagte zu sich selbst: ‚Hah! Wenn sie heute kommt, um mich um einen Gefallen zu bitten, dann habe ich es gewusst!‘

Joel öffnete die Tür und grüßte zunächst mit einem zufriedenen Lächeln und sagte:

„Guten Abend, Señora Augusta, wie kann ich Ihnen helfen?“

„Hallo Joel, danke der Nachfrage“, sagte Frau Augusta, „aber mir geht es sehr gut. Ich bin gekommen, weil ich zwei Karten für zwei verschiedene Theaterstücke zur gleichen Zeit bekommen habe, und da ich nicht an zwei Orten gleichzeitig sein kann, habe ich mir gesagt: ‚Ich gebe diese Karte Joel, er fragt mich immer so nett, ob ich etwas brauche, so kann er kostenlos (*de choto*) ins Theater gehen.“

„Danke, Señora Augusta“, sagte Joel, „entschuldigen Sie, aber ich muss Sie etwas fragen.“

„Sag mir, mein Sohn, was willst du wissen?“

„Das ist das dritte Mal, dass Sie mir etwas bringen, und ich habe Ihnen nie etwas gegeben“, sagte Joel, „ich weiß, dass die Leute nichts umsonst tun, bitte sagen Sie mir, was Sie von mir brauchen.“

„Glaubst du das wirklich?“, fragte die alte Dame erstaunt.

„Ja“, antwortete Joel.

„Dann muss ich dir etwas zeigen. Komm, komm mit.“

Joel verließ das Haus und dachte, dass er recht hatte. Er machte sich auf den Weg, um der alten Dame den Gefallen zu tun, für den sie ihm Essen gegeben hatte. Joel ging mit der alten Dame ein paar Straßen weiter zu einem kleinen Krankenhaus und als sie an der Tür ankamen, sagte Augusta:

„Ich komme dreimal in der Woche hierher, um als Freiwillige zu arbeiten und Menschen in Not zu helfen."

Als sie eintraten, bemerkte Joel, dass alle Patienten Kinder waren und einige von ihnen begrüßten Señora Augusta und nannten sie Doktorin Augusta.

„Aber Sie sind ja Ärztin, was haben Sie denn davon?", fragte Joel erstaunt.

In dem kleinen Krankenhaus waren junge und alte Menschen, die als Freiwillige mitarbeiteten.

„Ich berechne nichts für meine Dienste", erklärte Doktorin Augusta, „und keiner der Menschen, die du hier arbeiten siehst, wird für seine Arbeit bezahlt; auch sie sind Freiwillige."

„Aber Sie können das doch nicht umsonst machen, Sie müssen doch etwas verdienen", sagte Joel ungläubig.

„Viele Menschen denken so wie du", sagte Doktorin Augusta, „es sind Menschen, die von Kindheit an gelernt haben, dass die Menschen egoistisch sind und nur an sich selbst denken."

„Das stimmt", sagte Joel, „ich habe in meinem Leben gelernt, nichts zu tun, wenn ich nicht auch etwas dafür bekomme. So hat es mir das Leben beigebracht."

„Aber das kann sich ändern", sagte Doktorin Augusta, „du musst aufhören, nur an dich selbst zu denken und anfangen, freundlich zu anderen zu sein. Du musst anfangen, selbstlos zu geben."

„Das ist eine Wunschvorstellung (*chivatada*). Wenn ich das tue, werden die Leute mich ausnutzen", sagte Joel, „und sie werden versuchen, so viel von mir zu bekommen, wie sie können."

„Das wird nicht passieren, weil du die Kontrolle hast", erklärt Doktorin Augusta, „du wirst immer die Macht haben zu entscheiden, was du geben willst und wann du es geben willst und du kannst immer nein sagen. Aber das Wichtigste ist, dass man gibt, ohne eine Gegenleistung zu erwarten."

„Es ist sehr schwer zu geben, ohne etwas zu erwarten", gestand Joel.

„Bist du glücklich?", fragte Doktorin Augusta.

„Nicht wirklich", sagte Joel.

„Wenn ich hierher komme, um zu helfen", sagte Doktorin Augusta, „empfinde ich Glück; es macht mich sehr glücklich, hier zu sein. Wenn du anfängst, selbstlos zu geben, wirst du mehr von dem, was du gibst, in Form von Glück zurückbekommen, aber wenn du nichts gibst, welches Glück wirst du zurückbekommen?"

Joel war verblüfft, er konnte nicht glauben, dass es Menschen gab, die anderen umsonst halfen, und dass man dafür auch noch glücklich werden konnte. Aber er brauchte nur in die Gesichter der Menschen zu schauen, die dort arbeiteten, sie sahen alle glücklich aus. Joel war so beeindruckt, dass er sagte:

„Kann ich es ausprobieren, kann ich nur einen Tag lang helfen?“

„Natürlich!“, sagte Doktorin Augusta erstaunt.

An diesem Tag half das Ex-Bandenmitglied in einem Kinderkrankenhaus, ohne dafür bezahlt zu werden, und fühlte dabei etwas, was er noch nie zuvor empfunden hatte: ein seltsames Glücksgefühl, das nur entsteht, wenn man anderen hilft, ohne eine Gegenleistung zu erwarten.

Joel begann, einmal in der Woche ehrenamtlich im Krankenhaus zu arbeiten; nach und nach begann er sich zu verändern, freundlicher zu werden; er sah jetzt glücklicher aus. Er fing wieder an zu lächeln.

Geschichte 12: Die Journalistin aus Santa Cruz, Bolivien

Lorena ist eine Studentin der Kommunikationswissenschaften an der Universidad Autónoma Gabriel René Moreno in Santa Cruz de la Sierra in Bolivien. Sie träumt davon, Journalistin zu werden und liebt es, einfache Leute mit spannenden Geschichten zu interviewen.

Eines Morgens wird es für Lorena spät, rechtzeitig zur Universität zu kommen. Sie wohnt im Viertel Urbarí und nimmt ein Taxi, um doch noch pünktlich zu sein.

„Guten Morgen", grüßt Lorena, als sie ins Taxi steigt, „können Sie mich zur Universidad Autónoma bringen?"

„*Auringa* (das bedeutet in Santa Cruz *sofort*)", sagt der Fahrer, „aber es gibt ziemlich viel Verkehr."

Immer wenn sie ein Taxi nimmt, plaudert Lorena mit dem Fahrer und führt am Ende, wie eine gute Journalistin, ein Interview mit ihm.

Der Fahrer ist ein Mann in den Fünfzigern und dieses Mal bemerkt Lorena, dass sein Akzent nicht der typische Akzent aus Santa Cruz ist.

„Ich merke, dass Ihr Akzent anders ist, „*vos sos colla*?"", fragt Lorena.

(*Vos sos* bedeutet *du bist/Sie sind* (eigentlich *tú eres* im neutralen Spanisch). In Santa Cruz und anderen Teilen Boliviens sprechen die Leute mit *vos* statt *tú*, aber das ist nicht überall im Land der Fall).

„Ja, ich komme aus La Paz (der Hauptstadt von Bolivien)", antwortet der Fahrer, „ich bin ein *colla*."

(In Bolivien werden die Einwohner der Städte La Paz, Oruro, Potosí, Sucre, Tarija und Cochabamba in der Regel *collas* genannt. Menschen aus den Städten Beni, Pando und Santa Cruz de la Sierra, wie die junge Lorena, werden dagegen als *cambas* bezeichnet. Und es gibt noch mehr Bezeichnungen, denn Bolivien ist ein Land mit mehreren verschiedenen indigenen Kulturen und Ethnien).

„Leben Sie schon lange in Santa Cruz?", fragt Lorena.

„Ja, ich bin seit zehn Jahren hier, ich bin auch schon fast ein *camba*", sagt der Fahrer und lächelt.

„Und Ihre Familie, lebt sie hier in Santa Cruz?"

„Nein, meine Familie lebt in La Paz", sagt der Fahrer, „dort leben meine vier Kinder und meine zwei kleinen Enkelkinder."

„Was hat Sie dazu bewogen, nach Santa Cruz zu ziehen?", fragt die Journalistin.

„Das ist eine lange Geschichte", sagt der Fahrer, „wollen Sie (*vos querés*) sie wirklich hören?" (*Vos querés* ist das Äquivalent zum spanischen *tú quieres*).

„Ja", sagt Lorena, „ich liebe Geschichten."

„Gut, dann erzähle ich Ihnen meine Geschichte: Als ich jung war", beginnt der Taxifahrer, „heiratete ich eine wunderschöne Frau, die eine gute Hausfrau und Mutter war; aber ich hatte keinen blassen Schimmer, dass sie eine sehr gefährliche Frau war."

„Echt?“, fragt Lorena (*acaso* ist ein Ausdruck dafür in Santa Cruz).

„Ja“, sagt der Fahrer, „sie ist eine dieser Frauen, die aus Eifersucht zu allem fähig sind, sogar zum Töten.“

„Und was ist passiert?“, fragt Lorena.

„Eines Tages“, erzählt der Fahrer, „fand sie heraus, dass ich eine andere Frau hatte. Dann hat sie sich eine Waffe besorgt und hat mir aufgelauert, um mich zu töten.“

„Und dann sind Sie nach Santa Cruz geflohen!“, fragt Lorena.

„Nein“, antwortet der Fahrer, „zuerst bin ich nach Oruro. Ich kam ohne Geld (*yesco*) an, aber fand bald einen Job (*una pega*). Nach zwei Monaten fand sie mich dort.“

„Wirklich?“, fragt Lorena erstaunt.

„Ja, sie schoss dreimal auf mich“, sagt der Fahrer. „Zum Glück konnte sie nicht gut zielen.“

„Und Sie haben sie aber angezeigt, oder?“, fragt Lorena.

„Nein“, antwortet der Fahrer, „wie könnte ich die Mutter meiner Kinder anzeigen? Stellen Sie sich vor (*imaginás*), sie käme ins Gefängnis. Meine Kinder würden sagen, es sei alles meine Schuld.“

„Was haben Sie dann gemacht?“, fragt Lorena.

„Ich bin dann nach Sucre gegangen“, erzählt der Fahrer. „Dort lebte ich zwei Jahre mit einer Frau, aber sie fand mich wieder und war besser im Zielen geworden. Sie brachte fast die Frau um, mit der ich zusammenlebte, und schoss mir in den Arm. Zum Glück konnte ich entkommen, indem ich über eine Mauer sprang. Sonst hätte sie mich getötet."

Der Fahrer zeigt Lorena die Narbe an seinem Arm.

„Und was ist dann passiert?", fragt Lorena, noch überraschter.

„Ich bin nach Chile, nach Iquique und dann nach Santiago", sagt der Fahrer.

„Und sie hat Sie dann in Chile gesucht?", fragt Lorena.

„Nein, sie hasst Chile. Deshalb bin ich dorthin gegangen", erklärt der Fahrer. „Ich sagte meinen Kindern, dass ich nach Chile gehen würde, aber heimlich kehrte ich nach Bolivien zurück, damit ihre Mutter dachte, ich sei noch in Chile und sie mich nicht weitersuchen würde."

(Einige Bolivianer hassen Chile wegen eines Krieges, in dem Bolivien seinen Zugang zum Pazifik verlor.)

„Sie weiß also nicht, dass Sie in Bolivien sind?", fragt Lorena.

„Im Moment nicht", sagt der Fahrer.

„Glauben Sie, nach so langer Zeit sucht sie immer noch nach Ihnen, um Sie umzubringen?", fragt Lorena.

„Manche Menschen vergessen nicht", sagt der Fahrer. „Wenn sie wüsste, dass ich hier bin, würde sie mich verfolgen, obwohl das Ganze siebzehn Jahre her ist, dass ich sie mit ihrer besten Freundin betrogen habe."

„Oh!", sagt Lorena und verzieht das Gesicht. „Haben Sie Angst, dass sie Sie eines Tages finden wird?"

„Ich habe keine Angst, ich weiß, dass sie mich finden wird", sagt der Fahrer. „Es ist nur eine Frage der Zeit."

„*E lay puej!* (Das ist ein Ausdruck positiver Überraschung) So eine Geschichte habe ich schon lange nicht mehr gehört", sagt Lorena. „Wenn Sie jemandem einen Rat geben müssten, was würden Sie ihm sagen?"

„Es lohnt sich nicht, jahrelang so einen hohen Preis für ein paar Minuten Vergnügen zu zahlen", sagt der Fahrer. „Selbst wenn deine Frau nicht so rachsüchtig ist wie meine, ist der Verlust der Familie ein sehr hoher Preis für ein kleines Vergnügen. Kurz gesagt: Untreue ist kein gutes Geschäft."

„Was glauben Sie bringt viele Ehemänner dazu, untreu zu sein?", fragt Lorena.

„Viele sind untreu, weil ihre Freunde auch untreu sind", erklärt der Fahrer. „Das sind Menschen ohne eigene Persönlichkeit, die tun, was ihre Freunde ihnen sagen. Sie lieben ihre Frauen, aber sie machen mit, was ihre Freunde ihnen sagen."

„Das ist eine interessante Sichtweise", meint Lorena.

„Andere Männer haben Probleme mit ihrem Selbstwertgefühl und fühlen sich selbstbewusster, wenn sie andere Frauen erobern", fügt der Fahrer hinzu.

„Waoh!“, sagt Lorena. „Sie wirken (*parecés*) wie ein Psychologe.“

„Ich bin Psychologe“, erwidert der Fahrer. „aber ich kann meinen Beruf seit siebzehn Jahren nicht mehr ausüben, weil die Mutter meiner Kinder mich dann leicht finden könnte.“

„Ich sollte Ihnen meinen Freund (*cortejo*) vorstellen“, schlägt Lorena vor, „damit Sie ihm diese Geschichte erzählen.“

„Ich erzähle sie ihm gerne“, sagt der Fahrer, „obwohl Sie nicht so aussehen, als ob Sie aus Eifersucht töten würden.“

„Man weiß ja nie“, meint Lorena nachdenklich.

Geschichte 13: Die ecuadorianischen Rucksacktouristen

Zwei junge ecuadorianische Frauen, Camila und Julia, beide ungefähr 23 Jahre alt, kommen in Huaca im Norden Ecuadors an. Sie sind Rucksacktouristinnen (*mochileras*).

Rucksacktouristen reisen mit wenig Gepäck (meist nur einem Rucksack) und wenig Geld. Sie verzichten auf Annehmlichkeiten und suchen sich Gelegenheitsjobs, um das zu genießen, was sie wirklich lieben: das Reisen.

Camila und Julia kommen aus Quito, der Hauptstadt des Landes, und wollen ihre Reise über Land nach Kolumbien fortsetzen. Dort wollen sie die Städte Cali, Bogotá und Medellín besuchen, dann nach Panama reisen und ihre Reise in San José, Costa Rica, beenden.

Als die Mädchen in Huaca mit dem Bus ankommen, ist es bereits fast dunkel. Deshalb suchen sie die örtliche Feuerwache auf und bitten um Erlaubnis, dort zu übernachten, da sie davon ausgehen, dass die Feuerwehrleute ihnen bestimmt einen Schlafplatz in einer Ecke anbieten würden.

„*Achachay*, es ist so kalt!“, sagt Camila zu dem Feuerwehrmann an der Tür. „Haben Sie vielleicht einen Platz, wo wir beiden Mädels schlafen können?“

(*Achachay* ist ein gängiger Ausdruck, um sich über die bittere Kälte im ecuadorianischen Hochland, das zu den Anden gehört, zu beklagen.)

„Ja", sagte der Feuerwehrmann mit einem Lächeln, „es gibt ein geschütztes Plätzchen, an dem es nicht so kalt ist."

Die Feuerwehrmänner erlaubten ihnen, in einem nicht genutzten Büro zu übernachten. Obwohl die Rucksacktouristen darauf vorbereitet sind, im Freien zu schlafen (ohne Dach oder Wände), waren die Mädchen dankbar, in einem geschlossenen Büro übernachten zu können. Sie schliefen in ihren gepolsterten Schlafsäcken recht bequem.

Am nächsten Morgen standen sie früh auf und bedankten sich bei den Feuerwehrleuten für die Gastfreundschaft. Nach dem Frühstück machen sie sich auf die Suche nach einem Tagesjob.

Im Dorf war heute ein regionaler Feiertag, so dass viele Geschäfte geschlossen waren. Auf dem Markt war ein kleines Restaurant geöffnet und an der Tür saß eine Frau, der man anmerkte, dass sie sich sehr über etwas aufregte.

„Lass uns die Dame fragen, ob sie Arbeit (*camellar*) für uns hat", schlägt Julia vor.

„Lieber nicht", antwortet Camila, „sieh dir ihr Gesicht an, sie sieht verärgert aus."

„Ist doch egal", sagt Julia. „das Schlimmste, was sie sagen kann, ist nein. Man lebt nur einmal (*chulla vida*). Ich werde sie fragen."

(*Chulla vida* heißt so viel wie *Man lebt nur einmal* oder *das Leben ist jetzt*. In der Sprache der Einheimischen in Ecuador, Quichua (Kichwa), der einflussreichsten indigenen Sprache des ecuadorianischen Hochlands, bedeutet *chulla einzigartig* oder *nur eine*. Die Ecuadorianer sagen *chulla vida*, um sich daran zu erinnern, dass das Leben einmalig ist und jeder Moment zählt.)

Also gingen Julia und Camila auf die Dame zu und begrüßten sie freundlich:

„Guten Morgen, ich bin Julia und das ist meine Freundin Camila. Wir sind hier nur auf der Durchreise. Wie geht's Ihnen?"

„Hallo. Was kann ich für euch tun?", fragte die Dame ohne ein Lächeln.

„Wir wollten wissen, ob Sie für uns heute Arbeit haben", sagte Julia. „wir helfen Ihnen gern bei allem, was Sie brauchen."

Die Dame musterte sie von oben bis unten und sagte:

„Wie ihr seht, heute sind kaum Leute da, also wird es kein guter Tag. Ich kann euch deswegen nicht bezahlen."

„Macht nichts, wir arbeiten auch für ein Mittagessen", sagte Julia.

„Na gut", stimmte die Dame zu. „ich brauche Hilfe beim Saubermachen meiner Küche, mit Wasser und Seife."

„Klar, machen wir!", sagte Julia und lächelte.

Als sie die Küche betraten, sahen sie, dass alles voller Fett war, also machten sich die beiden Mädchen an die Arbeit. Camila sagte zu Julia:

„Gib mir bitte (*no sea malita*) die Seife, um alles einzuschmieren."

(*No sea malita* bedeutet *bitte* im ecuadorianischen Hochland. *Dame pasando el jabón* bedeutet *Gib mir die Seife*. An der ecuadorianischen Küste, wo die Stadt Guayaquil liegt, sagt man *pásate el jabón*; aber hier im Hochland wird es als höflicher angesehen, *dame pasando* zu sagen als *pásate*).

Die Mädchen fingen an, die Küche des kleinen Restaurants mit Wasser und Seife zu putzen. Alles war voller Fett und der Boden sehr dreckig. Sie mussten sich hinknien, um den Schmutz mit einer Bürste wegzuschrubben und den ganzen Dreck, der sich angesammelt hatte, zu beseitigen.

„Ich komme gleich wieder (*me voy a volver*)", sagte die Dame und verließ das Restaurant, während die Mädchen weiter die Küche putzten.

(*Me voy a volver* ist ein ecuadorianischer Ausdruck, der bedeutet, dass sie bald zurückkommt.)

Nachdem die Dame gegangen war, sagte Julia zu Camila:

„Siehst du? *Guagua que no llora no mama.*"

(In Ecuador ist ein *Guagua* (aus dem Quichua *wáwa*) ein *Baby*. Der Satz *Guagua que no llora no mama* bedeutet also, dass man, wenn man etwas will, darum bitten muss.)

„Du hast recht", sagte Camila. „ich hätte mich nie getraut, diese Frau anzusprechen."

Während sie die Küche putzten, unterhielten sich die Mädchen und lachten, erzählten lustige Geschichten und machten Witze. Sie waren froh, etwas Arbeit gefunden zu haben, um sich eine Mahlzeit zu verdienen und kein Geld ausgeben zu müssen.

Als die Frau zurückkam und sah, wie sie arbeiteten und lachten, sagte sie:

„Ich habe euch die schlimmste Arbeit von allen gegeben. Niemand will eine schmutzige Küche putzen und trotzdem seid ihr gut drauf und habt Spaß (*como chancho en lodo*)?“

(In Ecuador verwendet man viele Vergleiche: *como chancho en lodo*, es ist ein häufig benutzter Vergleich, um zu sagen, dass jemand so glücklich ist wie ein Schwein im Schlamm.)

„Wir sind einfach froh, dass Sie uns erlaubt haben, zu arbeiten und damit unser Essen zu verdienen“, antwortete Camila.

Die Frau sah sie ernst an und sagte:

„Es ist wahr, was die Leute über Rucksacktouristen sagen“, sagte die Frau mit einem enttäuschten Tonfall, „ich habe es nicht geglaubt, aber jetzt kann ich sagen, dass es stimmt.“

Die Frau sagte das und ging, Camila und Julia schauten sich gegenseitig an, da sie nicht verstanden, was sie meinte. Aber sie säuberten weiter den Küchenboden, und schon bald lachten sie wieder.

Als die Mädchen den Boden fertig geputzt haben, setzten sie sich zum Entspannen hin und redeten und lachten weiter. Die Frau kam herüber und sah sich die saubere Küche an, um jede Ecke zu überprüfen.

„Es ist in Ordnung", sagte die Frau ohne zu lächeln, „es ist wieder sehr sauber."

„Danke, dass Sie Arbeit für uns haben", sagte Camila.

Sie begann mit der Zubereitung des Mittagessens und Julia und Camila halfen ihr beim Schneiden des Gemüses und beim Abwaschen der Töpfe und Pfannen nach dem Kochen.

Kurz vor der Mittagszeit saßen die drei beim Mittagessen und Julia wagte es zu fragen:

„Was sagen denn die Leute über Rucksacktouristen?"

„Die Leute sagen, dass ihr Freude mitbringt und dass eure Freude ansteckend ist", sagte die Frau, „deshalb sind viele Leute in dieser Stadt bereit, euch Arbeit zu geben und euch in ihren Häusern unterzubringen."

Die Mädchen waren von den Worten der Dame überrascht, aber Julia, die mutiger war, nutzte die Gelegenheit, um zu sagen:

„Wir sind froh, jemanden zu finden, der uns hilft, und dass die Leute gerne Rucksacktouristen helfen. Sind Sie nicht auch froh, zwei armen Mädchen wie uns zu helfen, die heute Nacht nicht wissen, wo sie schlafen sollen?"

In diesem Moment lächelte die Frau zum ersten Mal, sie hatte ein wunderschönes Lächeln.

„In Ordnung, ihr könnt heute Nacht bei mir übernachten“, sagte sie lächelnd.

Die beiden Mädchen kreischten vor Aufregung und rannten auf die Frau zu, um sie zu umarmen. Sie begann zu lachen, als sie sagte:

„Seht ihr? Es ist wahr, was die Leute über euch sagen, ihr bringt gute Laune.

Nach dem Mittag kamen einige Kunden und Julia begann, sie zu bedienen, während Camila in der Küche half, das Essen zu servieren und das Geschirr abzuwaschen.

Am Ende war es ein guter Tag für das Restaurant, nicht weil die Rucksacktouristen da waren, sondern weil es das einzige geöffnete Restaurant auf dem Markt des Dorfes war.

In dieser Nacht schliefen die Mädchen im Haus der Dame, die nun einen freundlicheren Gesichtsausdruck hatte.

Am nächsten Tag verabschiedeten sich die Mädchen von ihrer neuen Freundin und fuhren mit dem Bus über die Grenze nach Cali in Kolumbien. Dort würden sie weitere Freunde treffen und noch mehr Abenteuer erleben.

Mit einer positiven Einstellung im Leben können wir all unsere Freude an andere weitergeben oder uns von der Freude der anderen anstecken lassen.

Geschichte 14: Ein schlauer Mann, wie jeder andere Kubaner

Danilo ist ein Mann in den Vierzigern, er wurde in Havanna, der Hauptstadt Kubas, geboren. Obwohl er eine Frau und vier Kinder hat, hat er noch nie in seinem Leben offiziell gearbeitet; er hat seinen Lebensunterhalt immer mit kleinen Geschäften hier und da verdient.

Wie jeden Tag verlässt Danilo früh morgens das Haus, um nach einer Möglichkeit zu suchen, etwas Geld zu verdienen. Auf dem Weg nach draußen begegnet er einer seiner Nachbarinnen.

„Hey na!" (*Acere, ¿qué vola?* ist eine übliche Begrüßung in Kuba), begrüßt Danilo seine Nachbarin.

„Hallo, Nachbar", antwortet Ana emotionslos, die Nachbarin von Danilo.

„Hey, was ist los?", fragt Danilo. „Sind Sie mit dem falschen Bein aufgestanden?" (*Con el moño virao* bedeutet *schlecht gelaunt.*)

„Nein Nachbar, aber unerwarteterweise (*me sacqué la rifa del guanajo*) funktioniert mein Kühlschrank seit heute Morgen nicht mehr", sagt Ana.

(Der Ausdruck *me sacqué la rifa del guanajo* bedeutet, dass einem etwas Schlimmes passiert ist, worauf man nicht vorbereitet ist.)

„Ich werde Ihnen helfen, liebe Nachbarin. Ich sage einem Freund (*compay*) Bescheid, der auch meinen Kühlschrank repariert hat. Er wird Ihnen nichts dafür berechnen, sich den Kühlschrank einmal anzuschauen, aber wenn er ihn repariert, dann wird Ihr Kühlschrank nie wieder kaputt gehen. Meiner funktioniert schon seit hundert Jahren *(como cien años)*, seitdem er ihn repariert hat."

(*Compay, compadre* ist die Person, die die Eltern als Zeuge bei der katholischen Taufe ihres Babys begleitet. In Kuba ist es auch ein Synonym für einen engen Freund) (*Como cien años* ist eine Übertreibung (*apretadera*). In Kuba sind Übertreibungen beim Sprechen normal, besonders wenn sie lustig sind.)

„Bring ihn gern her, dann schauen wir mal", sagt Ana. „aber ist es sicher, dass er nichts dafür haben will, wenn er sich ihn anschaut?"

„Nein, dafür berechnet er nichts", versichert Danilo. „ich schaue mal, wo er steckt und komme mit ihm her."

Danilo macht sich auf den Weg, um seinen Freund um den Gefallen zu bitten (*tallar* - mit jemandem sprechen, um die Person um Hilfe zu beten). Als er im Haus des Technikers ankommt, den er erst letzte Woche kennengelernt hat, begrüßt er ihn mit den Worten:

„Hey na (*Acere, ¿qué volá?)*!"

„Alles klar, was brauchst du von mir?", antwortet der Techniker.

„Kumpel (*socio*), der Kühlschrank von meiner Nachbarin ist kaputt. Ich habe ihr gesagt, dass du ihn bestimmt reparieren könntest, aber wir beide müssen einen kleinen Deal machen."

„Ah ja, hau raus", sagt der Techniker, der bereits daran gewöhnt ist, mit Vermittlern zusammenzuarbeiten, die eine Provision verlangen, um für ihn Kunden zu besorgen.

„Ich will 10% von dem, was du für die Reparatur berechnest", sagt Danilo. „und wenn du Ersatzteile besorgen musst, dann kümmere ich mich darum und verkaufe sie selbst an die Nachbarin."

„Abgemacht", sagt der Techniker, der normalerweise mit Händlern zusammenarbeitet, die 15% oder sogar 20% verlangen.

Die beiden Männer gehen zu Ana und der Techniker checkt den Kühlschrank. Nach einer Weile nennt der Techniker Ana den Preis für die Reparatur und sie stimmt zu. Der Techniker repariert den Kühlschrank am gleichen Morgen, und Ana ist sehr zufrieden.

Danilo bemüht sich, den Techniker dann schnell wegzuschicken, damit Ana nicht nach seiner Adresse fragt. Unterwegs zahlt der Techniker Danilo seinen Anteil, der ihm den Job gebracht hat.

Es ist schon fast Mittag, deswegen geht Danilo ein Paket Reis, zwei Bananen (*plátanos*) und sechs Eier (*salvavidas*) für zu Hause einkaufen.

Seine Frau freut sich, als sie ihn mit einer Tüte (*jaba*) voller Lebensmittel kommen sieht.

„Hattest du heute einen erfolgreichen Tag?", fragt seine Frau.

„Nicht so erfolgreich, aber immerhin ein bisschen", antwortet Danilo.

Danilos Frau bereitet eine in Kuba übliche Mahlzeit (*jama*) zu: sie kocht Reis, brät Eier und macht gebratene Kochbananen (*plátanos a puñetazos*), dazu gibt es ein Ananas-Getränk (*garapiña*), das sie schon zubereitet hat (ein Getränk, das durch leichte Gärung der Ananasschale hergestellt wird).

(Für die *plátanos a puñetazos* nimmt Danilos Frau die *plátanos*, schneidet sie in Scheiben und brät sie ein bisschen an, dann klopft sie sie platt und brät sie erneut.)

Nach dem sie gegessen haben (*jamar*) legt sich Danilo hin, um sich auszuruhen (*coge un diez*). Nach dem Nickerchen (*echar un pestañazo*) steht er auf. Er muss wieder losziehen, um Geld (*guano*) zu verdienen.

Danilo geht die Straße entlang, und als er an einer Freifläche (*placer*) vorbeikommt, trifft er seinen Freund (ambia) Jacinto:

„Hey na (*Acere, ¿qué volá?)*!“, grüßt Danilo.

„Na, alles gut?“, sagt Jacinto, „los komm, lass uns was trinken gehen (*chuparle el rabo a la jutí*).“

„Nein (*Neka con la K*)”, sagt Danilo. „ich kann wirklich nicht, ich muss heute Nachmittag unbedingt ein bisschen was verdienen. Wenn alles gut läuft, komme ich abends zu dir, um was zu trinken, aber wenn nichts bei rumkommt, muss ich direkt nach Hause.”

„Ok“, sagt Jacinto, „ich bin zu Hause mit ein paar Bier (*láguer*) und warte auf dich.“

Später trifft Danilo einen verärgerten (*cara de pomo de vinagre*) Nachbarn.

„Antonio, was ist passiert?“, fragt Danilo.

Antonio gehört zu den wohlhabenden (*tocao*) Kubanern, da er jeden Monat eine großzügige Überweisung von seinen Verwandten aus *la Yuma (den Vereinigten Staaten von Amerika)* erhält.

Er ist ein älterer (*temba*) Mann, der nie gearbeitet hat (*nunca ha jamao soga*). Deswegen war er schon immer unerträglich (*pesao*).

„Yulianis hat mich beraubt (*me dio un palo*)”, sagt Antonio, „und hat sich aus dem Staub gemacht (*vendió el cajetín - sie ist weggelaufen, sie ist abgehauen*).“

„Das kann nicht sein!”, sagt Danilo erstaunt. „Habt ihr euch gestritten?”

„Wir hatten einen heftigen Streit (*fajazón*)”, sagt Antonio, „aber auch kein Weltuntergang.”

„Und sie hat das ganze Geld (guano) mitgenommen?“, fragt Danilo.

„Ja, deshalb brauche ich deine Hilfe“, sagt Antonio, „Yulianis hat mich komplett im Stich gelassen (*pasmao - alleine und ohne Geld).*“

„Ich habe kein Geld (*estoy en la fuácata*)“, sagt Danilo, „aber mach dir keine Sorgen (*no cojas lucha*), ich habe einen Freund, der dir etwas leihen kann, bis deine Familie dir Geld aus den USA schickt (*moni de la Yuma)*“

„Aber mit Zinsen?", fragt Antonio.

„Ja, aber das musst du mit ihm verhandeln; er ist ein guter Mensch, solange du ihm das Geld zurückzahlst", sagt Danilo.

„Aber leih du mir doch fünf Pesos", drängelt Antonio (*monja* ist ein Fünf-Peso-Schein).

„Ich schwöre, ich habe nicht einmal einen einzigen Peso (*una caña* – Umgangssprache für die Währung des Landes)", sagt Danilo.

Danilo bringt Antonio zu einer nahegelegenen Zigarrenwerkstatt (*tabaquería*), wo die berühmten Habanos hergestellt werden. Dort stellt er ihm einen Tabakarbeiter (*tabaquero*) vor.

Der Tabakarbeiter leiht Antonio das Geld, aber Antonio weiß nicht, dass Danilo eine Provision erhält, dafür, dass er ihm einen Kunden gebracht hat. Danilo wird nur bezahlt, wenn Antonio alles zurückzahlt.

Das war alles, was Danilo an diesem Nachmittag tun konnte, und so kehrt er ohne Geld nach Hause zurück, aber mit einer guten Geschichte, die er seiner Frau erzählen kann.

„Du glaubst nicht, was ich heute gehört habe", sagt Danilo zu seiner Frau, „Antonios Frau hat ihn bestohlen und ist abgehauen."

„Wer hat dir das erzählt?", fragt seine Frau, nicht gerade überrascht.

„Antonio selbst“, antwortet Danilo, „ich bin ihm begegnet und er hat mich gedrängt (*majomía - aufdringliche Hartnäckigkeit)*, ihm Geld zu leihen.“

„Hast du ihm was geliehen?“, fragt die Frau.

„Woher denn? Ich habe ihn zum Tabakarbeiter gebracht“, sagt Danilo, aber er merkt, dass seine Frau von der Neuigkeit nicht überrascht ist.

„Wusstest du das etwa schon?“, fragt Danilo seine Frau.

„Das war abzusehen“, sagt die Ehefrau, „dieses junge gutaussehende Mädel (*titi*) war nur wegen des Geldes (*el moni*) mit Antonio zusammen. Es war nur eine Frage der Zeit bis er ihr untreu werden würde (*le pegara los tarros*). Außerdem ist er ein Frauenschwarm (*jeboso*). Yulianis hat es lange mit ihm ausgehalten, aber sie ist kein Dummchen (*monga*).“

„Hat sie etwas mit einem anderen gehabt?“, fragt Danilo.

„Natürlich!“, sagt die Ehefrau, „ihr Männer seid echt immer blind (*están atrás del palo*, was bedeutet, dass sie nie etwas mitbekommen). Yulianis ist mit dem dunkelhäutigen (*niche*) Mann aus der anderen Straße zusammen.“

Danilo ist überrascht. Er ist ein kluger Mensch, aber ihm passiert immer das Gleiche: Im Vergleich zu seiner Frau bekommt er alles immer erst später mit, lange nachdem es passiert ist (*se cae de la mata*).

Geschichte 15: Eine chilenische Studentin in Caracas, Venezuela

Patricia ist eine Chilenin, die nach Venezuela gereist ist, um einen Master-Abschluss in Chemie zu machen. Seit sieben Monaten studiert sie an der Universidad Central de Venezuela in Caracas, der Hauptstadt des Landes. Von dort aus schreibt sie eine E-Mail an ihre Mutter in Santiago de Chile:

Liebe Mama,

ich schreibe dir, weil ich beim Telefonieren immer ein paar Dinge vergesse, dir zu erzählen.

Zuerst einmal möchte ich dir sagen, dass ich dich sehr liebe und vermisse. Ich vermisse auch Papa und meine Geschwister, aber dich vermisse ich am meisten. Weißt du, wie die Venezolaner *Ich vermisse dich* sagen? Sie sagen *Te extraño*, seltsam, oder? Ha, ha, ha.

Aber die Venezolaner sind sehr herzlich, wenn sie dich liebgewonnen haben und dich eine Zeit lang nicht gesehen haben, sagen sie immer, dass sie dich vermissen. Und sie begrüßen dich jeden Tag mit einem Kuss und einer Umarmung.

Danke, dass du mir Geld geschickt hast. Ich war schon pleite (*sin un peso*), hier sagt man *estaba limpia,* was *ich hatte kein Geld* bedeutet, aber sie haben mich schon bei meiner Arbeit bezahlt (hier nennen sie *Arbeit chamba*), also geht es mir finanziell besser.

Ich wohne bei einem Paar, die morgens sehr früh das Haus verlassen und den ganzen Tag arbeiten. Ich habe dir schon von ihnen erzählt, sie sind verheiratet, aber sie sehen sich kaum, sprechen kaum miteinander, essen nicht zusammen und jeder macht sein eigenes Ding. Wenn sie mal zusammenkommen, sind sie bei mir und reden mit mir. Ich hoffe, sie reden wenigstens zu zweit miteinander, bevor sie schlafen gehen. Ich bin erst seit sieben Monaten hier, also weiß ich nicht, ob alle Paare in Venezuela so sind oder ob nur sie so komisch sind.

Die beiden haben zwei tolle Kinder, die ich mittags von der Schule abhole und nachmittags betreue. Der Vater arbeitet sehr viel, geht sehr früh aus dem Haus und kommt, wenn die Kinder schon schlafen, so dass er sie nur am Wochenende sieht.

Die Studenten (*los chamos*) an der Universität sind nett und behandeln mich gut. Sie mögen meinen chilenischen Akzent und machen manchmal darüber Witze, aber sie tun es auf eine liebe Art.

Was wir *bulling (Ärgern)* nennen, bezeichnen sie hier als *chalequeo*, aber sie sehen das Ganze nicht so ernst. Erst, wenn es wirklich zu doll gemacht wird. Dann ist es kein *chalequeo* mehr, sondern *abuso (Mobbing)*. Es ist schon komisch, dass wenn jemand beleidigt wird, dann wird ihm oder ihr *das Wasser und der Strom abgestellt* (*se le corta el agua y la luz*), wie findest du das? Das bedeutet, dass man eine Zeit lang nicht mehr mit der Person spricht.

Alles ist hier anders: sogar das Tageslicht hat einen anderen Farbton, die Straßen, die Gebäude, die Menschen, die Bräuche und das Essen. Mann, vermisse ich das chilenische Essen!

Mit ein wenig Mühe habe ich mich aber daran gewöhnt, das runde Maisbrot zu essen, das man hier überall isst, man nennt es *arepa*. Zuerst mochte ich es nicht, aber jetzt schmeckt es mir, vor allem mit Avocado.

Übrigens haben sie hier noch nie Schnecken gegessen und sie wissen wenig über Meeresfrüchte. Ich habe schon lange keinem mehr erzählt, dass wir in Chile Schnecken essen, weil sie das eklig finden.

Im Gegensatz zu Chile ist die Universität hier politisch gespalten. Es gibt linke und rechte Dozenten und manchmal hört man politische Diskussionen zwischen den Studenten. Es gibt auch Unruhen und Proteste, aber die meisten sind mehr mit ihrem Studium beschäftigt als mit Politik.

Die Studenten (*chamos*) sorgen sich vor allem um ihre Jobaussichten nach dem Studium. Es gibt zu wenige Stellen für die vielen Ingenieure und Buchhalter, die jedes Jahr ihren Abschluss machen. Du kannst dir nicht vorstellen, wie oft sie mich fragen, ob es schwierig ist, nach Chile auszuwandern.

Obwohl wir uns echt in vielen Dingen unterscheiden, gibt es auch viele Ähnlichkeiten. Sie sind zum Beispiel genauso idealistisch wie wir und einige aus der Uni wollen am liebsten die Welt verändern. Sie sind echt fleißig, stehen früh auf und lieben ihre Familie (*mi gente*) sehr. Die Familie steht hier, wie auch bei uns, an erster Stelle.

Hier hat die Mutter auch einen sehr hohen Stellenwert. Die jungen Leute machen immer Witze darüber, was ihre Mütter tun würden, wenn sie in einem Fach durchfallen würden. Gestern sagte mir ein Mädchen: „*Chama*, wenn sie mich durchfallen lassen (*raspan*), wird meine Mutter all meine Privilegien streichen.“ Das verstehst du nicht, oder? Ha, ha, ha! Ich habe es auch nicht verstanden. Das ist die Übersetzung: „Mädchen, wenn ich dieses Semester nicht bestehe, wird meine Mutter mich bestrafen und mir den Internetzugang sperren.”

Ja, hier ist fast niemand ernst, Scherze sind der Lieblingssport der Venezolaner. Sie machen aus allem einen Witz und lachen immer. Es ist echt nicht leicht, sich mit ihnen länger als zehn Sekunden ernst zu unterhalten. Sie machen sich aus allem einen Spaß und lachen einfach immer. Die typische venezolanische Konversation sieht so aus: ein paar Sekunden wird ernst geredet, dann wird ein Witz gerissen, dann ist man wieder ein paar Sekunden ernst und dann gibt's wieder einen Witz, so läuft jedes Gespräch ab.

Sie machen sich über jeden lustig, vom Präsidenten bis zum Papst. Niemand entgeht dem Spott der Venezolaner. Sie sehen das nicht als respektlos an, sondern nur als ein bisschen *chalequeo.*

Themawechsel: Du weißt ja, dass ich mit einer anderen Chilenin namens Victoria hierher gekommen bin. Sie hatte es gut, lebte bei einem älteren Ehepaar und wurde verwöhnt, sie musste nicht arbeiten. Aber Victoria beklagte sich ständig und fand an allem etwas auszusetzen. Sie sagte zwar, sie sei keine Pessimistin, sie sei eher eine Realistin. Aber ich glaube, sie war einfach zu negativ eingestellt.

Eine Woche nach meiner Ankunft habe ich aufgehört, mit ihr zu reden, weil sie wie eine dunkle Wolke war.

Wenn ich mich mit ihr unterhielt, sah ich nur noch die schlechten Dinge in meinem Leben. Ich wollte das nicht und fing deswegen an, mir all die guten Dinge in meinem Leben vor Augen zu halten. Sie hatte mich mit ihrem Pessimismus echt angesteckt.

Am Ende kehrte Victoria nach Santiago zurück, ohne ihren Master-Abschluss in Chemie gemacht zu haben. Es ist schade, dass sie so viel Zeit und Geld verloren hat, nur weil sie so negativ war.

Dagegen habe ich eine venezolanische Freundin namens Anarela, die glaubt, dass alles, was uns passiert, irgendwie gut für uns ist. Als sie sich von ihrem langjährigen Freund trennte, sagte sie, dass sie viel daraus gelernt habe. Anarela arbeitet hart für ihr Studium, arbeitet nebenbei, um alles zu finanzieren, und ist trotzdem positiv. Sie glaubt, dass sich die Dinge für sie zum Guten wenden werden.

Anarela sagt, dass sowohl Optimismus als auch Pessimismus zu selbst erfüllenden Prophezeiungen werden können. Also, wenn man glaubt, nicht erfolgreich zu sein, wird man es auch nicht schaffen, selbst wenn man sich anstrengt. Und wenn man aber an den Erfolg glaubt, kann man es mit weniger Anstrengung schaffen. Mama, ich hab's selbst ausprobiert und das Mädel (*chama*) hat recht!

Ich unterhalte mich gerne mit ihr, weil ihr Optimismus ansteckend ist. Wenn ich mich von ihr verabschiede, fühle ich, dass ich mit wenig Aufwand viel erreichen kann und dass alles gut für mich ausgehen wird.

Früher habe ich es bedauert, hierher gekommen zu sein, weil ich so weit weg von euch bin, aber dank Anarela denke ich jetzt positiver. Ich habe jetzt verstanden, dass diese anstrengende Zeit nicht ewig andauern wird, dass die Zeit schnell vergeht, und wenn ich fertig bin und zurückkomme, werde ich merken, dass es sich gelohnt haben wird. Ich habe schon eine schöne Zeit hier, aber ich vermisse euch, aber das Gute daran ist, dass ich euch noch mehr lieben werde, wenn ich zurückkehre. Siehst du, dass alles eine positive Seite hat?

Um das Thema zu wechseln, Mama, ich muss gestehen, ich habe einen Jungen kennengelernt, der sehr gut aussieht. Hier sagen sie: Er ist zu gut (*está demasiado bueno*). Nein, er ist kein Venezolaner, er ist Brasilianer und heißt Eduardo. Ich denke, ich werde ihn mit nach Santiago nehmen, auch wenn ich ihn entführen muss.

Wir lernen uns gerade erst kennen. Ich werde dir Fotos schicken, damit du mal sehen kannst, wie er aussieht. Er ist wirklich hübsch, Mama! Mal sehen, was die Zukunft bringt.

Ich denke jeden Tag an dich, weil alles so ist, wie du es mir gesagt hast. Ich musste offen sein und mich an viele seltsame Dinge gewöhnen (wie die Arepa). Aber ich habe so viel gelernt und ich habe das Gefühl, dass ich reifer geworden bin. Das Komische ist nur, je mehr ich lerne, desto mehr wird mir klar, was ich noch alles lernen muss.

Ich möchte eigentlich weiter schreiben, aber ich werde weitere Beichten für den nächsten Brief aufheben.

Ein Kuss für dich und ein weiterer für Papa, ich liebe dich, liebe Mama.

Deine Tochter, Patricia.

Spanisch in Lateinamerika - Anmerkung vom Autor

„¡Hola! ¿Cómo estás?" („Hallo, wie geht's?") Egal, ob Sie im Norden Mexikos oder im chilenischen Patagonien sind, wenn Sie jemanden so begrüßen, werden Sie verstanden.

In den Geschichten, die Sie gelesen haben, sehen Sie, dass die Lateinamerikaner oft das Gleiche auf unterschiedliche Weise sagen. Aber keine Sorge! Sobald Sie in einem spanischsprachigen Land ankommen und Spanisch sprechen, werden Sie verstanden, und die Leute werden wissen, wie sie mit Ihnen reden müssen, damit Sie sie auch verstehen.

Das lateinamerikanische Spanisch entstand aus vielen Gegebenheiten, wie zum Beispiel der Herkunft der verschiedenen spanischen Eroberer und Kolonisten, (egal ob sie aus Andalusien, von den Kanarischen Inseln oder aus der Extremadura kamen), der Vermischung mit einheimischen Ausdrücken, der portugiesischen, französischen, holländischen und englischen Invasion, und der jahrhundertelangen Isolation einiger Gemeinden.

All das führte zu dem, was wir heute als *lateinamerikanisches Spanisch* oder *Castellano*, wenn Sie etwas genauer sein wollen, bezeichnen.

Es gab Zeiten, in denen die lateinamerikanischen Länder fast in Dialekte zerfallen wären, was eine sprachliche Trennung bedeutet hätte.

Wenn das passiert wäre, dann wäre es dem Spanischen genauso ergangen wie der lateinischen Sprache, aus dem viele verschiedene Sprachen wie Kastilisch, Katalanisch, Galizisch, Portugiesisch, Französisch, Rumänisch, Ladinisch, Italienisch und weitere entstanden sind, die sich untereinander aber kaum verstehen können.

In unserem Fall würden Mexikaner mit Kolumbianern Schwierigkeiten haben, Argentinier würden Mittelamerikaner nicht verstehen und die spanischsprachigen Länder der Karibik wären für uns alle noch viel schwerer zu verstehen.

Dank Leuten wie Don Andrés Bello, einem Venezolaner, der das Instituto Pedagógico de Chile gründete, konnten wir die sprachliche Aufspaltung verhindern.

Danach kamen Radio und Fernsehen, die diese Tendenz, uns zu teilen, zum Glück vollständig stoppten.

Heute sprechen über 400 Millionen Menschen Spanisch und obwohl es Unterschiede in der Art und Weise gibt, wie wir umgangssprachlich sprechen, schauen wir alle spanische Fernsehsender und verstehen sie ohne Schwierigkeiten.

Das ist der Grund, warum einige argentinische Sänger in ganz Lateinamerika erfolgreich sind. Und einige Mexikaner sind sogar in Argentinien bekannt. Trotz unserer Unterschiede können wir uns ohne größere Schwierigkeiten verstehen.

Ihr Interesse an unserer schönen Sprache führt dazu, dass immer mehr von uns sie pflegen und unterrichten möchten.

Wie alle Sprachen ist auch die spanische Sprache eine lebendige Sprache, was bedeutet das genau? Das heißt, dass im Laufe der Jahre feine Veränderungen auftreten und unsere Leitinstanz, die Real Academia de la Lengua Española (Königliche Akademie der spanischen Sprache), uns hilft, die Ordnung aufrechtzuerhalten, indem sie einige neue Wörter in die Literatursprache aufnimmt. Möchten Sie ein Beispiel?

Vor Jahren starb ein mexikanischer Komiker namens Mario Moreno, besser bekannt als Cantinflas. Dank des Einflusses der spanischen Sprache war er in ganz Hispanoamerika und den USA sehr bekannt. Eine seiner Fähigkeiten bestand darin, viel zu reden, ohne wirklich etwas Sinnvolles zu sagen. Können Sie sich das vorstellen?

Nun, vor einigen Jahren genehmigte die Real Academia de la Lengua Española die Verwendung des Begriffs *cantinflada*, um das Sprechen und Reden ohne sinnvolle Aussage zu benennen.

So zeigt die spanische Sprache, dass sie lebendig und wandelbar ist. Und wir geben zu, dass wir uns sehr freuen, dass Menschen wie Sie daran interessiert sind, unsere schöne Sprache zu erlernen.

Wir danken Ihnen von ganzem Herzen dafür, dass Sie sich entschieden haben, Spanisch zu lernen und so unser Lateinamerika richtig kennenlernen. Unsere Musik wird

Sie berühren und Ihr Herz erfreuen, und unser Humor wird Sie zum Lachen bringen, bis Ihnen der Bauch (*panza*) wehtut.

Anmerkung: Die Originalausgabe ist in spanischer Sprache erschienen und spricht gezielt Lernende der spanischen Sprache an.

Vielen Dank, dass Sie unser Buch gelesen haben. Wir sind ein kleiner Verlag und freuen uns über Feedback, Anregungen und Kritik. Kontaktieren Sie uns gerne dazu unter: info@schinken-verlag.de

Wir schätzen Ihre Meinung und freuen uns, wenn Sie auch in Zukunft unsere Bücher lesen werden.

Printed in Poland
by Amazon Fulfillment
Poland Sp. z o.o., Wrocław